언택트와 교회

글과길

언택트와 교회

킬러 콘텐츠가 있는가?

김도인 저

발행일	2021년 3월 1일
펴낸곳	글과길
	등록 제2020-000078 호(2020년 5월 29일)
	서울특별시 송파구 삼학사로 19길5 3층(삼전동)
	wordroad29@naver.com
디자인	디자인소리
교열	이영철
공급처	하늘유통
	경기도 파주시 광탄면 분수리 350-3
	전화 031-947-7777
	팩스 0505-365-0691

ISBN 979-11-973863-0-5 03230
가격 14,000원

언택트와 교회

킬러 콘텐츠가 있는가?

언택트와 교회

차례

언택트와 교회

김도인 목사님은 코로나 19 시대를 위해 준비된 분이다. "한 송이 국
화꽃을 피우기 위해 봄부터 소쩍새는 그렇게 울었나 보다. 한 송이 국화
꽃을 피우기 위해 천둥은 먹구름 속에서 또 그렇게 울었나 보다." 하나
님 나라와 교회를 위해 자신을 훈련하고 공부한 열매가 나타나고 있다.
주를 위해 목숨 걸고 공부한 냄새가 곳곳에서 묻어나고 있다. 특히 김
목사님은 교회를 너무나 사랑하는 분으로 교회를 향한 애절한 외침으로
절절히 글을 쓰고 있다. 코로나 19 팬데믹 시대에 교회가 무엇을 준비해
야 하는지 분명한 길을 보여 주고 있다. 이 위기의 시기에 준비된 전문
가가 되라! 자기만의 콘텐츠를 가지라. 언택트시대에 온택트 하라. 시대
와 소통하는 지성을 가지라.... 우리 목회자와 성도들이 깊이 성찰해야
할 부분들이다. 위기가 곧 기회라는 말이 있다. 오래 움츠린 새가 멀리
난다는 말도 있다. 많이 움직이지 못하는 이때가 곧 기회이다. 주와 주의
나라를 위해 잘 준비하여 다시 비상하는 교회가 되기를 소망해 본다. 주
께서는 준비된 사람을 사용하신다. 이 귀한 책을 통해 많은 통찰을 얻고
통합의 지혜를 얻기를 바란다.

박윤성 목사(기쁨의 교회 담임)

이 책을 읽으면 절로 알게 된다. 차별화된 콘텐츠가 없으면 코로나 19가 끝나도 교회가 흔들릴 것이란 것을. 저자는 교회가 나아갈 방향과 목회자가 무엇을 준비해야 하는가를 명쾌하게 설명한다. 비대면 시대가 되고 보니 교회가 할 수 있는 일이 거의 없다. 민낯이 드러난 것이다. 이를 반전시키려면 목회자가 치열하게 공부하여 자기만의 콘텐츠를 가져야 한다.

저자는 폭넓은 시선과 탁월한 글쓰기로 우리를 인도한다. 덕분에 이유도 모르고 속상했던 제반 문제에 대한 해결책을 알게 된다. 이 책으로 많은 분들이 뉴 노멀 시대를 헤쳐 나갈 노하우를 얻길 바란다. 이 책은 이 시대에 주는 하나님의 선물이다.

이정일 목사(『문학은 어떻게 신앙을 더 깊게 만드는가』의 저자)

좋은 책은 사람을 움직이게 한다. 사람을 움직이기 위해 필요한 것은 질문이다. 질문해야 시작할 수 있기 때문이다. '인생은 속도가 아니라 방향'이라는 말이 있다. 방향을 잡는 데 필요한 것이 질문이다. "어디로 가야 합니까?" 질문이 시작될 때 움직일 수 있다.

2006년 개봉한 영화 '행복을 찾아서'는 미국의 전설적인 흑인 기업가 크리스 가드너의 실제 경험을 바탕으로 하고 있다. 가난의 밑바닥에서 헤매던 주인공은 행복해 보이는 남성에게 다가가 두 가지를 질문한다. "하는 일이 무엇인가?", "그 일을 잘 하는 방법은 무엇인가?" 이 질문이 가드너의 인생을 바꾸었다. 상황을 반전시키기 위해서 질문이 중요하다.

『언택트와 교회』는 좋은 질문을 던지는 책이다. 코로나로 많은 사람이 방향을 잃었다. 정확히 무엇을 질문해야 하는지 잃어버렸다. '세상은 어떻게 될까?', '교회는 어떻게 될까?', '나는 어떻게 될까?' 걱정만 하고 있다. 걱정과 질문은 다르다. 우리가 해야 할 질문은 "무엇을 해야 합니까?"이다. 『언택트와 교회』는 좋은 책이다. 방향을 잃어버린 교회와 성도들에게 방향을 제시한다. 무엇을 질문하고 준비해야 할지 도와준다. 저자는 많은 책을 읽은 독서가로 핵심을 짚어낸다. 『언택트와 교회』가 남다른 질문을 던지는 이유다. 좋은 질문은 상대방으로 답을 찾게 만드는 능력이 있다. 코로나로 답답한 상황에서 답을 찾기를 바라는 분들에게 『언택트와 교회』를 적극적으로 추천한다.

김현수 목사(행복한나무교회 담임, 『메마른 가지에 꽃이 피듯』의 저자)

성도에게 필요한 것이 있다. 믿음, 소망, 사랑이다. 그런데 목회자에게는 한 가지가 더 필요하다. 바로, '센스'이다. 21세기 목회, 특히, 포스트 코로나 시대 어떻게 목회할 것인지 센스가 부족한 사람은 이 책을 읽으면 된다. 이 책은 과거 어떻게 왔고, 현재 어떤 상황이고, 미래 어떻게 펼쳐질지 보여주는 보물 지도와 같다.

물론, 보물 지도를 가지고 있다고 다 되는 것은 아니다. 그 지도를 보면서 배를 저어야 하고, 여전히 밀려오는 파도를 넘나들면서 방향을 잡아야 한다. 혼자는 힘들고, 연합하고 연대하여 나아가야 한다.

김도인 목사님의 이번 책은 맛이 있다. 너무나 담백하고, 고소하다. 그래서 천천히 더 음미하고 싶다. 읽으면 읽을수록 살이 되고, 피가 되는 듯하다. 평소 고민하던 내용을 그리고 실제로 더 숙고해야 할 사항들을 다 다루었다. 포스트 코로나 시대 많은 사람들이 분석, 데이터, 방향성을 말하였다. 그런데 이 책은 아주 실제적인 대안과 선명한 대책을 제시한다. 마치 수능 시험 전 족집게 과외 선생님이 쏙쏙 핵심과 놓쳐서는 안 될 내용을 알려 주듯, 무엇을 놓쳐서는 안 되고, 어떻게 주어진 과제를 풀어나가야 할지 가이드를 해 준다.

사서 읽고, 다시 읽고, 곰곰이 생각해야 한다. 그래서 이 혼동과 혼란의 시기에 환골탈태하여, 번데기에서 나비가 되어 앞에 놓인 코로나가 만든 거대한 목회적 장애물을 제대로 넘어서기를 바란다.

김영한 목사(Next 세대 Ministry 대표 및 품는 교회 담임)

세계 최대 여객선 타이타닉호가 1912년 4월 14일 빙산과 부닥쳐 한 순간에 침몰하였다. 2020년부터 코로나19는 한국 교회호를 침몰시키고 있다고 저자는 말한다. 이 침몰하는 교회를 위해, 많은 책을 저술한 탁월한 인문학적 안목을 가진 아트설교연구원 대표인 김도인 목사께서 『언택트와 교회』라는 책을 통해 구명선(救命船)을 보낸다.

우울, 불안, 무기력, 폐업, 실업, 부도 등 삶의 위기를 가져다 준 코로나19를 새로운 시각으로 본 저자는 코로나19가 하나님의 선물이라고 말한다. 위기 속에 감추어진 하나님의 선물을 교회와 목사가 뼈를 깎는 냉혹한 자기 성찰을 통해, 아드 폰테스(Ad Fontes) 자리로 돌아가, 신앙과 삶을 리부트(Reboot)하면 하나님의 선물을 발견할 수 있다고 한다.

이제 교회는 진정한 가치를 가지라고 저자는 말한다. 건물과 숫자의 외형중심이 아니라 교회와 목사가 영성, 지성, 품격이 있는 자신만의 킬러 콘텐츠(killer content)를 가지라고 눈물의 선지자 예레미야의 심정으로 외친다. 킬러 콘텐츠를 가지면, 코로나19는 하나님의 선물이 되어 교회는, 목사는 다시 미래가 있고, 희망을 가질 수 있다고 한다.

"나는 생각했다. 희망이란 본래가 있다고도 할 수 없고 없다고도 할 수 없는 것이다. 그것은 바로 땅 위의 길과 같은 것이다. 사실 땅 위에는 본래 길이 없으면서도 걸어가는 사람이 많아지면 곧 길이 되는 것이다."
- 루쉰(魯迅), 『고향』 마지막 구절에서

성기태 목사(좋은교회 담임)

코로나 19이전으로 다시 돌아갈 수 있을까? 코로나 19가 종식 될 수 있을까? 생태학자인 이화여자대학교 최재천 석좌교수는 이렇게 말한다. "코로나 바이러스는 조금 사그라들 뿐 결코 종식되지 않습니다. 사람들은 종식이라는 말을 듣고 싶어 하지만, 바이러스가 어떻게 완전히 종식되겠습니까? 지금처럼 인간이 생태계를 파괴하고 그로 인해 기후변화가 지속된다면 박쥐 외에도 다양한 생물들이 치명적인 바이러스를 품고 2~3년 간격으로 인류를 덮칠 겁니다. 인간이 백신을 개발하는 속도보다 바이러스가 찾아오는 속도가 훨씬 빠르다는 것입니다."

우리는 바이러스와 더불어 살고 있고 앞으로 살아가야 한다. 이런 세상을 경험해 보지 않았기에 온 세계가 우왕좌왕하고 있다. 교회와 목회자는 더 그렇다. 포스트 코로나 시대는 뉴노멀의 시대다. 언택트 시대와 온택트 시대가 되었다. 이런 시대에 교회와 목회자가 변화하지 않으면 살아남기가 힘들다. 미래는 누구에게는 두려움으로 다가오고 누구에게는 기대감을 가지게 한다. 그 차이는 미래에 대한 준비에 달려 있다. 준비된 사람에게는 미래는 두렵지 않다. 기대가 된다.

김도인 목사님은 언택트 시대를 맞이하는 한국 교회와 목회자가 어떤 준비를 해야 하는 지를 이 책을 통해 제시하고 있다. 막연한 대안이 아니라 구체적인 대안를 제시하고 있다. 이 책은 언택트 시대가운데 살아가는 목회자와 교회에 큰 유익이 되리라 확신한다.

이재영 목사(대구 아름다운교회 담임, 『감사인생』, 『희망도 습관이다』의 저자)

코로나19의 창궐로 인한 사회적 변화가 전방위적으로 일어나고 있다. 그 변화들 중에 어떤 것들은 육이오, 산업화, 민주화, IMF 경제위기, 세월호 등과 같이 한국인의 마음과 한국 사회의 씨줄날줄에 지울 수 없는 변동을 만들 것이다.

우리가 겪는 어려움은 코로나19라는 폭풍을 싸워 극복하는 힘겨운 과업을 수행하는 동시에, 폭풍으로 배가 어디쯤 떠밀려 갈 그곳에서 우리의 새로운 여정을 이어갈 태세를 갖추는 것이다. 우리는 폭풍을 이겨야 하는 과업과 아울러 목적지에 도달할 길을 잘 찾아야 할 이중 과업을 안고 있다.

김도인 목사의 책은 코로나19를 통해 언택트의 상황을 맞은 한국 교회의 현실을 애정어린 아픔으로 진단한다. 이 폭풍을 이겨내기 위한 비장의 언어들을 독서에서 길어올린 통찰의 잉크로 기록하고 있다. 아울러 코로나 폭풍이 지났을 때에 한국 교회의 배가 난파하지 않고 목적지 항구를 향하여 길을 찾아 나아가기 위한 절절한 제안을 하고 있다. 목회자들과 성도들이 가슴으로 품어 안고, 손과 발로 실천한다면, 머리를 탁 트이게 하는 통찰을 얻을 수 있으리라.

평년보다 1.5배, 2배 이상으로 가열차게 살았던 2020년을 개인적으로 돌아보면서, 김도인 목사의 『언택트와 교회』, 이 책이 나에게 적잖이 위로와 격려, 자극이 되었음을 꼭 기록하고 싶다.

오종향 목사(뉴시티교회 담임)

언택트와 교회

프롤로그

코로나19가 세상을 완전히 바꾸어놓았다. 세상은 혁명 이상의 변화를 맞게 되었다. 우리는 이제껏 경험하지 못한 사회적 거리두기, 마스크 쓰기, 30초 동안 손 씻기 등 방역 지침을 따르며 살고 있다. 아침마다 어제의 확진자 수와 사망자 수를 듣는다. 우리나라는 물론 전 세계 통계까지 말이다.

언택트(Untact) 시대가 되면서 뉴 노멀(New Normal)이 만들어졌다. 일상이 완전히 달라졌다. 마스크를 쓰고 생활해야 하는 것만으로도 지금의 상황이 설명되고도 남는다. 교회는 미래를 준비해야 한다. 언택트 시대에 맞는 교회만의 뉴 노멀을 만들어야 한다.

목회자도 생각을 바꾸어야 한다. 이전과 다른 삶을 살아야 한다. 뉴 노멀 시대는 콘텐츠의 시대이다. 남다른 콘텐츠를 만들어야 한다. 남다른 콘텐츠를 만들려면 전보다 갑절 이상의 열정을 불태워야 한다.

언택트 시대, 온택트(Ontact) 시대에 목회자는 '어떻게 살아야 하는가?', '무엇을 준비해야 하는가?'에 관해 심각하게 고민해야 한다. 이에 관한 생각이 한국 교회와 목회자가 지혜롭게 미래를 준비하는데 도움이 될 것이라는 바람을 가져본다.

코로나19는 얼마나 지속될 것인가?

나는 무지하게도 코로나19가 시작될 때 이 상황이 그리 길게 가지 않을 것이라 예상했다. 길어야 1년 전후로 갈 줄 알았다. 2020년 8월, 코로나19 1차 유행을 보면서 최소한 몇 년은 더 지속될 것이라는 생각을 하게 되었다.

역사를 보면, 감염병의 확산은 오랜 기간의 고통을 가져다주었다. 1918년에 처음 발생해 20세기 유럽을 재앙에 빠뜨렸던 스페인 독감은 2년 동안 창궐했다. 전 세계 인구의 60%가 감염된 후에야 스페인 독감은 종식되었다. 전문가들은 코로나19가 오래갈 것이라고 말한다. 스페인 독감처럼 전 세계 인구의 60%가 감염되려면 아직 멀었다.

2020년 10월 5일 WHO는 세계 인구의 10%가 코로나19에 감염되었을 것으로 추정했다. 이 추정치대로라면 코로나19 감염자 수는 공식 확진자 집계인 3,500만 명의 20배 이상이다. 2021년 1월 13일 기준으로 누적 확진자는 91,594,372명(전 세계 인구는 76억), 사망자는 1,962,217명이다. 세계 감염률은 1.2%에 불과하지만 전 세계 220개 국가에서 확진자가 발생했다. 우리나라는 확진자가 70,212명(우리나라 인구는 5,200만 명)이고, 사망자가

1,185명이다. 치명률이 1.68%에 불과하다.

마이크 라이언(Mike Ryan) WHO 긴급대응팀장은 코로나19 백신이 2021
년에 개발될 것이라고 예상했다. 텔레비전에서 감염병 전문가가 백신
개발에 관해 얘기하는 것을 들었다. 그 전문가는 지금까지 백신을 가장
빠르게 만드는데 걸린 기간이 4년이라고 했다. 하지만 코로나19 백신
은 1년도 채 지나지 않은 2020년에 개발되었다. 화이자, 모더나, 노바백
스, 얀센, 시노백, 아스트라제네카 등의 제약회사들이 백신을 개발했다.
2020년 12월 8일 영국부터 접종하기 시작해 이미 41개국 이상이 백신
을 접종하고 있다. 우리나라도 2021년 2월부터 접종을 시작할 계획이다.

백신이 개발되었으니 이제 관심사는 코로나19 백신 접종과 종식 선
언이 언제쯤 이뤄질까 하는 것이다. 마이크로소프트 창업주인 빌 게이
츠(Bill Gates)는 선진국에서 2021년 말쯤 되어야 코로나19가 종식될 것이
라 예상했다. 정부가 신종 코로나19 감염증 백신과 관련해 국민 3200만
~3600만 명을 백신 우선접종 대상자로 지정하고, 2021년 11월까지 집단
면역을 형성하기 위한 접종계획을 수립하겠다고 한다. 이런 것들을 종합
해 볼 때, 코로나19 상황이 안정되려면 우리나라는 코로나19 발생 후 약
2년, 전 세계적으로는 약 3년 전후의 시간이 필요할 것으로 예상된다.

코로나19는 교회를 위기의 상황에 처하게 했다

코로나19로 인해 피해가 집중된 영역은 어디일까? 직장 자체가 거의
없는 청년층, 코로나19로 영업을 하지 못하는 소상공인들, 그리고 한국

교회라 생각한다. 특히 한국 교회는 코로나19를 겪으면서 온라인 예배를 드려야 하는 낯선 상황에 처해 있다. 코로나19로 인해 우리나라의 대표적 대기업인 삼성전자도 어렵다고 한다. 그렇다면 다른 기업의 어려움은 말할 필요도 없다. 마찬가지로 우리나라의 대표적인 대형교회들도 어렵다고 하는데, 작은 교회가 겪을 어려움은 상상하기 힘들 정도이다.

교회는 코로나19에 직격탄을 맞았다. 대구에서 코로나19가 1차 유행했을 때 국민들은 진원지인 신천지를 정통 교회와 구분해서 보지 않았다. 둘을 교회라는 하나의 범주로 이해했다. 이후 '코로나19'가 2차 유행했을 때는 공교롭게도 정통 교회가 진원지가 되었다. 전광훈 목사가 이끈 서울 광화문집회가 결정적인 역할을 한 것이다. 이후 3차 유행에는 상주에 위치한 BTJ열방센터(인터콥선교회), IM선교회, 서울동부구치소가 진원지 중 하나가 되었다. 그리고 심심할 만하면 교회에서 확진자가 발생했다는 보도가 여기저기서 터졌다. 방역 당국과 언론에서 '코로나19'와 관련하여 교회를 언급하지 않은 날이 없을 정도가 되었다.

교회에 대한 신뢰도가 수직 낙하하고 있다. 가뜩이나 추락 중이던 교회의 이미지가 대구 신천지로 인해 심각한 손상을 입었고, 전광훈 목사로 인해 결정적 타격을 입었다. 추락하다 못해 날개마저 꺾인 상태가 되었다. 세상에 유익을 주는 곳이어야 할 교회가 오히려 세상에 전염병을 확산시키는 곳으로 낙인찍혔다. 악의 축과 같은 이미지를 남겼다.

교회에 심각한 위기가 찾아왔다. 식당에 이런 문구가 붙기도 했다. "기독교인 출입금지", "교회 다니는 사람 출입금지" 교회만 위기를 맞은 것은 아니지만, 코로나 상황이 호전되어도 다른 산업과 달리 교회의 이미지 회복은 쉽지 않을 것이다. 그러나 위기는 언제나 그 안에 답이 있다. 그렇다면 위기를 위기로만 받아들이지 말고 다르게 해석해야 한다. 해석을 할 때, '회피 프레임'이 아니라 '접근 프레임'으로 해야 한다. 그럴 때 위기를 기회로 바꿀 수 있다.

교회는 언제나 위기의 때에 더욱 도전적이었다. 지금은 그 도전정신이 더욱더 필요한 때다. 교회가 어렵다고 축 쳐져 있을 것이 아니라 더욱더 열정을 불태워야 한다.

교회는 코로나 기간을 완벽하게 준비하는 기간으로 삼아야 한다

한국 사회 전체가 위기 속에 들어가 있다. 대면 일상을 비대면 일상으로 바꾼 것 자체가 위기다. 방역지침으로 인한 거리두기가 위기임을 말해주고 있다. 위기를 극복하기 위해 외출 할 때는 마스크를 반드시 써야 한다. 마스크를 쓰지 않고는 지하철과 버스를 탈 수도 없다. 사람들은 주위에 마스크를 쓰지 않은 사람이 있다면 가까이하기를 꺼려하고 있다. 혹시 마스크를 쓰지 않아 파파라치에 촬영된 경우 10만원의 벌금이 부과된다. 그리고 촬영자에게는 포상금 3만원이 주어진다.

코로나19는 교회의 패러다임을 바꾸어놓았다. 대면예배의 금지로 비대면 예배의 상황이 지속되고 있다. 반드시 마스크를 쓰고 예배를 드려야 한다. 식사 교제는 할 수 없다. 만남 자체가 불가능하다. 결국 교회가 사역을 마음껏 할 수 없다. 그렇다면 사역의 중심을 이동해야 한다. 사역 중심에서 교인 신앙 성장 중심으로 바꿔야 한다. 교인 양육을 양에서 질로 바꿔야 한다. 대규모 목회에서 소규모 목회로 바꿔야 한다.

우리나라가 코로나19가 백신 접종으로 안정기에 접어들 때까지 2년의 기간이 주어졌다. 이 기간은 국가와 기업 그리고 개인에게도 동일하게 주어졌다. 개인이나 조직마다 주어진 2년을 어떻게 보낼 것인가에 의해 미래가 결정된다. 당신이 목회자라면 이 기간을 자신도 놀랄 만큼 성장하는 기간으로 삼아야 한다. 그 이유는 2년이란 기간은 위기를 기회로 바꾸는 데 충분한 시간이기 때문이다. 이 2년 동안 자신을 한 분야의 전문가로 만드는 데 집중해야 한다.

우리는 매미로부터 삶의 지혜를 배워야 한다. 매미는 알에서 애벌레가 되기까지 1년의 기간이 필요하다. 성장 단계마다 오랜 과정을 거쳐 마침내 7년이 지난 뒤 매미가 된다. 그토록 오랜 시간이 걸려 매미가 되지만, 매미가 사는 기간은 고작 7일에서 14일 정도에 불과하다. 그 짧은 기간에 매미는 남다른 존재감을 드러내며 살다가 죽는다. 우리에게 주어진 2년, 그 기간을 매미처럼 존재감을 확실하게 뿜어낼 수 있도록 준비하는 기간으로 살아야 한다. 이것이 하나님께서 코로나19를 주신 목적이라고 생각된다.

지금은 언택트 시대다

코로나19가 발생하기 전까지 세상은 컨택트 시대였다. 코로나19로 인해 팬데믹이 선포된 이후 언택트(비대면)는 선택이 아니라 필수가 되었다.

언택트란 '접촉(contact)'을 뜻하는 컨택트에 부정의 의미인 '언(un)'을 붙여서 이루어진 합성어로, '접촉하지 않는다'는 의미를 갖는다. 코로나19가 가져온 가장 큰 변화는 언택트 시대가 되었다는 것이다. 그러나 언택트 시대일지라도 사람들의 욕망은 달라지지 않는다. 다른 사람과 접촉하기는 원하지 않지만, 연결하기를 원한다.

코로나19 이후 학교가 휴교했다. 회사가 재택근무 체재에 돌입했다. 교회는 오프라인 예배가 취소되었다. 그 결과 교류를 최소화하여 단절된 삶을 살 수밖에 없게 되었다. 그러자 연결을 원하는 사람들이 온라인으로라도 접촉하려 하고 있다. 언택트가 코로나19로 인해 만들어진 것은 아니다. 언택트는 코로나19 확산 이전에도 진행되고 있었다. 언택트는 기업들이 비용을 절감하고, 새로운 성장 동력을 찾기 위해 추진하던 전략이었다.

나는 종종 가는 화덕 피자집이나 롯데리아 등에서 키오스크(kiosk: 터치스크린 방식의 무인 정보단말기)나 스마트폰 앱을 이용해 주문과 결제를 해 왔다. 편의점 업계에서는 아예 2016년 아마존이 선보인 무인 매장 '아마존고'처럼 무인 편의점을 도입하기도 했다. 그러나 이제는 언택트가 특별에서 일상이 되었다. 코로나19 이후로 쇼핑, 은행, 교육, 심지어는 직장 생활까지 언택트가 대세다. 「아트설교연구원」도 온라인 중심으로 모임을 갖고 있다.

'마케팅 에듀'에서 조사한 자료에 따르면, 온라인에서 구매한 경험이 있는 모바일 홈쇼핑 이용자 10명은 코로나19가 끝나더라도 온라인에서 계속 구매하겠다고 답했다. 비지니01의 '홈쇼핑 모아' 이용자 중 코로나19로 집콕 생활을 한 1,277명을 대상으로 조사한 자료에 의하면, 응답자의 대부분이 코로나19가 끝난 이후에도 계속 온라인에서 구매하겠다고 답했다고 한다.

이제는 사람들이 온라인으로 살아가는 것이 일상화되었다. 특히, 태어나면서부터 디지털 기기를 접함으로써 자유자재로 디지털 기기를 사용하는 디지털 원주민(digital native)인 Z세대는 오프라인보다 온라인이 손쉽다. 이들은 완전히 온라인에 녹아들었다.

온택트 문화 속에 뛰어들어야 한다

언택트가 시대의 주류가 되고 주목받게 되자 또 다른 트렌드로 자리를 잡게 된 것이 온택트(Ontact)다. 온택트란 비대면을 일컫는 '언택트(Untact)'에 온라인을 통한 외부와의 '연결(On)'을 더한 개념으로, 온라인을 통해 대면하는 방식을 가리킨다. 이는 2020년 코로나19 확산이 장기화되면서 등장한 새로운 흐름이다. 즉 온택트는 사회적 거리두기로 집에서 머무르는 생활에 지친 이들이 온라인으로 외부와 연결, 각종 활동을 하는 새로운 트렌드를 말한다.

온택트의 대표적인 것이 랜선 투어, 랜선 공연, 랜선 팬 미팅, 랜선 콘서트 등이다. 이런 것들이 온라인으로 진행되고 있다. 지금은 랜선 결혼식, 랜선 응원까지 등장했다. 방송도 온택트가 대세가 되었다. KBS2에서 온택트로 진행된 나훈아 콘서트는 대성공을 거두었다. 온택트가 새로운 트렌드로 등장하게 된 것은 인간의 연결하고 싶은 마음 때문이다. 예루살렘 히브리 대학교 교수인 유발 하라리(Yuval Noah Harari)가 이런 말을 했다.

"인간은 여전히 만나고 교류하며, 함께 모여 어려움을 나누고 싶어 한다."

언택트 시대에는 온택트로 교류해야 한다. 만나고 싶은 사람, 만나고 싶은 세상과 연결해야 한다. 이 욕망을 잘 파고든 것이 온택트 문화다. 언택트 시대의 삶에 온택트가 핵심적인 역할을 하고 있다. 그러므로 목회자는 온택트에 뛰어들어야 한다. 망설일 시간이 없다. 필요하다고 느낀다면 지금 이 순간 당장 뛰어들어야 한다.

교회도 언택트 시대에 온택트의 한복판으로 뛰어들어야 한다

교회도 언택트 시대를 걸어가고 있다. 교회는 언택트에 적응해야 한다. 더 나아가 완벽하게 언택트 시대를 대비해야 한다. 그러려면 교회 사역 등이 언택트로 재편되어야 한다. 현경민 외 6인의 『모바일 미래보고서 2021-온택트, 언택트 시대의 컨택트 기술』에서는 온택트에 대해 이런 말을 한다.

"온택트는 기존 오프라인 기반의 기업들에게는 생존을 위한 키

워드가 될 것이다. 온라인 기반의 기업들에게는 경쟁을 위한 필수
요소가 될 것이다."

기업들에게 온택트가 생존과 경쟁을 위한 키워드가 된다면 교회도
마찬가지다. 교회도 생존을 위해 온택트를 해야 한다. 하나님 나라의 경
쟁력을 갖추기 위해서라도 온택트로 접근해야 한다. 바이러스가 바꾼
미래, 바이러스가 앞당긴 언택트의 미래, 바이러스가 앞당긴 온택트의
문화인 '접촉을 최소화하는 연결'로 전환해야 한다. 교회는 '접촉을 최
소화하는 연결'로 전환할 때 '지금'의 위기를 기회의 '나중'으로 만들 수
있다.

언택트와 교회

킬러 콘텐츠가 있는가?

Chapter 1

코로나19가 드러낸
한국 교회의 민낯

UNTACT and the Church

언택트와 교회

한국 교회, 덩칫값을 못한다

교회가 무너지고 있다

교회의 무기는 신뢰도다. 교회의 신뢰도에 금이 갔다. 금이 가도 확 가 버렸다. 사람들이 교회를 혐오 집단 취급을 하고 있다. SNS 등의 댓글을 보면 교회가 이 사회에 존재할 필요성을 잃었다는 생각까지 하게 된다. 100세가 넘었지만 작가로서 왕성하게 활동 중인 김형석 연세대학교 명예교수는 『기독교, (아직) 희망이 있는가?-100년 후에도 희망이 되는 기독교를 위하여』에서 기독교가 희망을 줄 수 없다고 이야기한다. 그 이유는 교회가 빛과 소금의 역할을 감당하지 못함으로 인해 신뢰도가 무너졌기 때문이라고 한다.

교회의 무너진 신뢰도는 회복되어야 한다. 그러나 한 번 추락한 신뢰도를 회복하는 것은 쉽지 않다. 무너진 신뢰도를 회복하기 위해서는 철저한 준비를 통해 대안을 마련해야 한다. 교회가 코로나19 이전의 상태로 되돌아갔을 때, 최소한 교회가 이 세상에 마땅히 존재해야 할 이유를 제시할 수 있어야 한다.

코로나19를 겪으면서 교회는 세상의 대안이 되어야 마땅했다. 그러나 교회의 신뢰도가 추락했을 뿐이다. 추락하다 못해 추락의 날개까지 달았다. 영화 「기생충」에 나오는 기생충 같은 인간과 별다를 바가 없다고 인식되었다. 우리신학연구소 연구위원, 한국가톨릭문화연구원 연구위원, 『가톨릭평론』 편집위원인 방영미는 『오 마이 갓 로드-바이러스, 종교, 진화』에서 이런 말을 한다.

"코로나19로 한때 한국에서 선진 문화의 하나였던 종교가 21세기에는 후진 문화로 전락해 버렸다."

교회가 후진 문화와 다를 바 없는 악평이 쏟아지고 있다. 사람들은 교인들이 멍청하고 순진한 사람들이라고 말한다. 쓰레기 같은 사람들이라고 말한다. 도저히 받아들일 수 없는 사회의 암적인 존재라고까지 말한다. 아니, 아무짝에도 쓸모없는 미친 잡교라는 말도 서슴지 않는다. 이는 교회의 신뢰도가 바닥을 치고 있음을 말해준다.

목회 데이터 연구소가 2020년 6월 엠브레인 트렌드모니터를 통해 실시한 '종교(인) 및 종교인 과세 관련 인식조사'를 분석한 결과에 따르면 천주교와 불교인은 '온화한(각 34.1%·40.9%)', '따뜻한(29.7%·27.6%)' 같은 긍정적인 이미지가 우세했다. 기독교인은 완전히 달랐다. 기독교인의 이미지는 '거리를 두고 싶은(32.2%)', '이중적인(30.3%)', '사기꾼 같은(29.1%)'과 같은 부정적인 이미지가 더 많았다. 목회 데이터 연구소는 "코로나19가 기독교인의 이미지에 더 나쁜 영향을 미쳤다"라고 분석했다.

교회는 코로나19 대처에 실패했다

2020년 9월 1일 코로나19시대 한국 교회 신생태계 조성 및 미래전략 수립을 위한 설문조사 TF(소강석 대표)와 CBS 극동방송 등 교계 언론 8곳은 '코로나19의 종교 영향도 및 일반 국민의 기독교 인식 조사 결과 보고서'를 발표했다. 8월 13일부터 20일까지 전국 성인 남녀 1,000명을 대상으로 진행한 이번 설문 결과에는, 최근 연이은 집단감염으로 거센 비판을 받고 있는 교회의 처참한 성적표가 그대로 반영돼 있다.

코로나19 사태에 대한 기독교계의 대응에는 74%가 '전반적으로 잘못하고 있다'고 응답했다. '잘하고 있다'는 응답은 18.7%에 불과했다. 응답자들을 종교별로 나누어 보면 결과는 더욱 심각하다. 기독교인들은 56.9%가 '교회가 잘하고 있다'고 응답한 반면, 무종교인들은 8.8%만이 '교회가 잘 대응하고 있다'고 응답했다. 지난 2월 코로나19 1차 대유행을 일으킨 신천지와 교회를 비교하는 질문도 있었다. 기독교인 89.7%가 '신천지와 기독교는 다르다'고 응답하고, 3.8%만이 같다고 응답했다. 그러나 무종교인 10명 중 3명에 가까운 29%가 '기독교와 신천지가 같다'고 인식하는 것으로 드러났다.

이번 설문 응답자 전체 1,000명 중 673명은 '종교가 코로나19로 인해 타격을 받을 것'이라고 응답했다. 이들을 대상으로 어느 종교가 가장 타격을 많이 받을 것이라고 생각하는지 묻자 82.1%가 '기독교'라고 응답했다. 9.2%가 '종교에 상관없이 비슷하다'고 응답했으며, '가톨릭이나 불교가 제일 타격받을 것'이라는 응답은 각각 1%에 그쳤다. 기독교인 응답자들도 82.5%가 '교회가 제일 타격받을 것'이라고 응답해, 코로나19 이후 한국 교회에 위기가 찾아올 것이라는 데 이견이 없었다.

이번 코로나19를 겪으면서 기독교 이미지는 타 종교에 비해 훨씬 악화된 것으로 드러났다. 종교별로 코로나19 이전과 이후 신뢰도에 변화가 있는지 물었다.

기독교는 '코로나19 이후 더 나빠졌다'는 응답이 63.3%에 달했고, '비슷하다'는 응답은 34.8%, '더 좋아졌다'는 응답은 1.9%에 그쳤다. 불교와 가톨릭은 큰 차이를 보이지 않았다. '이미지가 더 좋아졌다'는 응답이 각각 8%와 8.9%로 나타났고, '비슷하다'는 응답이 각각 86.8%, 83%였다. '더 나빠졌다'는 응답은 불교 5.3%, 가톨릭 8.1%에 그쳐 기독교와 최대 12배 차이가 났다.

기독교 신뢰도에 대한 응답자를 종교별로 다시 보면, 기독교인 가운데서도 4명 중 1명은 이번 사태로 교회 신뢰도가 더 나빠졌다고 응답했다. 기독교인은 25.5%가 '더 나빠졌다', 66.8%가 '비슷하다'고 응답했다. 기독교인들을 제외한 가톨릭·불교·비종교인 등에서는 '교회에 대한 신뢰도가 더 나빠졌다'는 응답이 평균 70%대였다.

방영미는 코로나19를 거치면서 불교와 천주교는 칭찬을 받았다고 말한다. 그 이유는 아무것도 하지 않았기 때문이다. 기독교가 비난을 받은 이유는 대처에 실패했기 때문이다.

교회는 고객의 요구에 맞게 탈바꿈할 필요가 절실하다

한국 교회에 대안이 보이지 않는 가장 큰 이유는 사람들의 눈높이 맞춤에 실패했기 때문이다. 사람들이 원하는 것에 교회가 맞추는데 실패했기 때문이다. 개신교 내 진보·개혁 성향의 10여개 단체로 구성된 '개신교 회복을 위한 비상대책위원회'는 성명서를 내고 극우 기독교 세력의 반사회적 일탈을 '방조하고 묵인한 한국 교회의 책임'을 사죄했다. 비대위의 일원인 기독연구원 느헤미야 배덕만 교수는 기독교에 대해 이렇게 말했다.

"기독교는 자정이 불가능하다"

자정이 불가능하다는 것은 '새 술은 새 부대에 담아야 한다'는 것을 말해준다. 그가 문제를 제기하는 것은 이 상태로 간다면 교회가 타이타닉호처럼 침몰할 것이 뻔하기 때문이다. 그는 조선 사회가 500년 동안 유교를 받들었지만, 나라가 망해갈 때 유학자들이 힘을 못 쓰자 민중들이 기독교로 갈아탔다고 말한다. 지금은 유학을 공부하는 사람이 거의 없다. 1919년까지는 동학이 기독교보다 10배나 교세가 컸다. 하지만 동학역시 시대에 적응하지 못하니 지금은 동학도가 거의 남아있지 않다. 이젠 기독교가 바통 터치할 차례가 되었다고 경고장을 내민다. 그는 지금이 상태로의 기독교라면 유학이나 동학과 다를 것이 없다고 말한다.

그래서인지 요즘에 종종 듣는 말들이 있다. "너, 아직도 교회에 다녀!", "교회는 너 같은 애가 가면 안 돼!", "교회 가면 사람 버려!" 이런 말이 왜 들리는가? 교회가 무너지고 있다는 경고의 소리다. 아직은 이 소리는 작다. 하지만 시간이 흐르면서 커질 수 있다. 이 소리가 더 이상 나오지 않도록 노력해야 한다. 만약 이런 상태가 지속되면 사람들이 교회에 들어오는 것을 주저하게 된다. 기독교인들도 타 종교로 갈아타거나 무종교를 선택하게 된다. 그러므로 교회가 달라지기 위해 몸부림침은 물론 변화를 위해 실제적인 행동을 해야 한다.

배 교수는 "대형 교회는 오래 버틸 것으로 예상한다"고 말한다. 작은 교회보다는 대형 교회가 오래 버틸 것이다. 그런데 대형 교회는 그리 많지 않다. 2019년 통합 교단 기준으로 볼 때 1,000명 이상 대형교회는 4.9%로, 5%도 채 안 된다. 초대형교회인 1만 명 이상 교회는 0.2%에 불과하다. 대신 50명 미만 교회는 50.3%로 절반이 넘는다. 대형 교회는 오래 버틸 수 있을지 몰라도 작은 교회 특히 30명 미만 교회의 문제가 심각하다. 작은 교회들 무너지는 소리와 아우성이 크게 들리고 있다.

배 교수는 지금의 상황에서 교회는 한 세대를 못 버틸 것이라고 말한다. 배 교수의 말처럼 교회가 한 세대도 견딜 수 없다면 교회는 즉시 탈바꿈을 위한 대안을 마련해야 한다. 애벌레가 나방이 되려면 탈피과정을 거쳐야 한다. 교회가 탈바꿈하려면 지금의 교회 운영 방식, 사회에 대한 인식을 바꿔야 한다. 결국 지금의 교회가 입고 있던 옷을 벗어던지려면 완전히 새롭게 탈바꿈해야 한다.

지금 한국 교회는 중세 종교개혁과 같은 개혁이 필요하다. 현재 교회가 가지고 있는 생각과, 교회가 추구하는 사회에 대한 인식의 개혁이 절실하다. 개혁은 다른 것이 아니라 더욱더 철저하게 세상의 원츠(Wants)를 이해하고 받아들이는 것이다. 아마존Amazon처럼 고객에 집착할 필요가 있다. 아마존이 언택트 시대에도 승승장구하는 것은 철저하게 고객에 집착했기 때문이다.

아마존의 제프 베조스Jeff Bezos가 이런 말을 했다. "우리의 경쟁자들이 우리를 이기려고 우리를 의식하고 우리를 바라볼 때 우리는 우리의 고객만 바라봤다. 그래서 우리는 이길 수밖에 없다." 그렇다면 교회도 교회의 잠재적 소비자인 사람들의 눈높이에 맞추려 노력해야 한다. 지금의 교회의 목회 방식, 목회자의 교권 다툼과 낮은 도덕성 등으로는 사람들의 눈높이에 맞출 수 없다. 사람들의 눈높이에 맞추려면 교회가 누리고 있는 기득권을 과감하게 포기해야 한다.

예수님의 말씀처럼 자기를 부인해야 한다. 더 나아가 본질인 십자가의 정신으로 나아가야 한다. 세상을 무시할 것이 아니라 세상을 섬기려 해야 한다. 그들이 교회에게 원하는 것을 해야 한다. 교회, 목회자, 교인은 '받음, 누림, 영광'이라는 사고방식을 버려야 한다. '십자가, 낮아짐, 영광포기'의 사고방식으로 철저하게 무장되어야 한다.

교회는 대안을 찾아야 한다

코로나19로 이전의 삶이 정지되었다. 우리는 완전히 달라진 삶을 살고 있다. 그렇다면 교회는 코로나19에 맞는 대안을 찾아야 한다. 이전에 교회의 모임은 오프라인이었다. 지금은 온라인과 오프라인을 병행하고 있다. 오프라인보다는 온라인이 더 중시되고 있다. 이런 상황에서 교회는 온라인에 대한 대안을 찾아야 한다.

비대면 예배만 이루어지다가 잠시 대면예배가 허용된 적이 있었다. 그때 교인의 예배 출석률이 아주 저조해졌다. 예배 출석률의 저조는 사회적 거리두기 1.0인 당시에도 별반 달라지지 않았다. 친구의 말에 따르면, 100여 명 정도 규모의 교회에서 대면 예배 출석률이 20%밖에 되지 않아 깜짝 놀랐다고 한다.

작은 교회는 오직 가족만으로 모임을 유지할 수밖에 없었는데, 몇 십 명 출석하던 교회의 출석자 수가 10명 미만으로 줄었다고 한다. 주일학교는 더욱 심각하다. 어떤 교회는 40명의 주일학교 학생 중에 3~4명만 출석을 했다고 한다.

코로나19로 인해 세상은 뉴 노멀로 바뀌었다. 교회는 대안을 찾아야 한다. 대안을 찾으려면 먼저 버릴 것부터 버려야 한다. 그다음 세워야 한다. 이건희 삼성그룹 회장이 '마누라 외에는 다 바꾸라'고 말한 것처럼 버릴 것은 버리고, 바꿀 수 있는 것은 다 바꿔야 한다. 바꾸지 않으면 118년 된 미국 J.C. 페니 백화점처럼 하루아침에 무너질 수 있다.

교회가 대안을 찾아야 할 이유는 넘친다

교회가 대안을 찾아야 한다. 달라진 상황에 맞게 대안을 갖고 세상 앞에 서야 한다. 뉴욕타임스 칼럼니스트인 토머스 프리드먼(Thomas Friedman)은 코로나19에 대해 이런 말을 했다.

> "BC를 '코로나 이전(Before Corona)', AC를 '코로나 이후(After Corona)'로 부르며 '세계는 코로나 이전과 이후로 나뉠 것이다'."

코로나 이전과 이후로 나뉜 세계는 예전에 앨빈 토플러(Alvin Toffler)가 언급한 '미래쇼크'가 현실화된 세계라고 말할 수 있다. 천지개벽과 같은 혁명적인 변화의 시대에 교회는 대안을 마련해야 하는데, 어떤 대안을 마련해야 하는가? 이를 묻고 또 물어야 한다. 찾고 또 찾아야 한다. 그리고 반드시 마련해야 한다. 마치 마태복음 7장 7절의 말씀처럼 말이다.

> "구하라 그리하면 너희에게 주실 것이요 찾으라 그리하면 찾아낼 것이요 문을 두드리라 그리하면 너희에게 열릴 것이니"

우리가 가장 먼저 할 것은 기도다. 기도하면서 하나님의 은혜를 구해야 한다. 그렇다고 기도만 하면 안 된다. 대안을 찾기 위해 공부해야 한다. 그리고 실험을 통해 꼭 필요한 것만 남겨두어야 한다. 요즘 '신박한 정리'라는 말이 인기다. 교회는 이번 기회에 본질만 남기고 신박한 정리를 해야 한다.

대안은 리부트다

리부트(reboot)라는 말이 있다. 소프트웨어를 재시동하여 시동 시의 상태로 되돌아가는 시스템 파일 등을 다시 판독하여 환경을 재구성하는 일이다. 한 마디로 새롭게 시작하는 것이다. 문제가 생기면 재시동이 필수적이다. 위기의 때도 마찬가지로 새롭게 시작해야 한다. 그렇지 않으면 환경과 상황이 바뀌었기에 표류하게 된다. 대한민국 최고의 강사인 김미경은 리부트를 통해 회사의 대안을 찾았다. 그녀의 책 『김미경의 리부트』에는 그녀가 위기 속에서 대안을 찾는 과정이 소개된다.

코로나19로 인해 최고의 강사였던 그녀의 삶이 멈춰버렸다. 그녀는 지난 28년 간 강연장 연단에 서기를 쉬어 본 적이 없었다. 어떤 천재지변에도 일주일 이상 강의를 쉰 적이 없었다. 하지만 코로나19는 손 쓸 방법도 없이 모든 것을 완전히 멈춰 서게 했다. 이런 기간이 오래가지 않을 것이라고 생각했지만 그렇지가 않았다. 그녀는 20명의 직원과 함께 일하고 있었다. 회사의 운영에 있어서 가장 오래되고 탄탄한 수익처는 그녀의 강의였다. 강의가 멈췄다는 건 곧 회사 경영이 위태로워졌다는 말이다.

그녀는 이대로 주저앉을 수가 없었다. 그녀는 먼저 절실한 마음으로 공부를 시작했다. 매일 변화하는 세상 구석구석을 샅샅이 살펴보고 단서를 채집하기 시작했다. 일주일에 최소한 서너 명의 전문가를 직접 만나 인터뷰를 했다. 수백 권의 책을 읽었다. 눈 붙이는 잠깐의 시간을 빼

고는 단서를 찾고, 아이디어를 노트에 옮겨 적었다. 솔루션을 생각해보는 데 하루를 모조리 썼다. 시간을 분 단위로 쪼개어 썼다. 살아남기 위해 처절하게 몸부림쳤다. 그녀가 공부한 뒤 내린 결론은 이랬다. "코로나19는 '혼돈으로부터의 질서'였다."

코로나19 시대에는 혼돈 속에서 만들어지고 있는 새로운 질서, 곧 이전과 다른 세상에서 살아남는 법을 발견해야 한다. 그녀가 한 것은 각 사업별로 리부트 하는 것이었다. 정리할 것은 확실히 정리하고, 변화된 세상에 맞춰 새로운 사업을 시작했다. 그 결과 한 명의 직원도 내보내지 않았고 회사는 위기를 넘어 순항 중이다. 오히려 새로운 비즈니스가 커지면서 매달 신규 직원이 입사하고 있다. 강의는 여전히 한 건도 없지만 다른 방식으로 세상과 연결되는 방법을 찾아냈기에 가능한 일이었다.

우리는 그녀에게서 코로나19를 맞은 교회가 위기를 어떻게 기회로 만들 것인가에 대한 통찰을 얻을 수 있다. 먼저, 그녀처럼 절실한 마음으로 수 백 권의 책을 읽고 공부해야 한다. 다음으로, 많은 전문가를 찾아 대화하고 인터뷰를 통해 해결점을 모색해야 한다. 마지막으로, 김난도가 『트렌드 코리아 2021』에서 말한 것처럼 일종의 혁신인 '거침없이 피보팅'을 해야 한다.

피보팅(Pivoting)이란 원래 '축을 옮긴다'는 뜻의 스포츠 용어인데, 코로나19 이후에는 사업 전환을 일컫는 중요한 경제용어가 되었다. 바이러스 확산이나 트랜드 변화로 인해 소비 시장이 급격히 바뀔 때 이에 적응하기 위하여 기업이 발 빠르게 비즈니스 모델을 바꾸는 것을 비유하여 '거침없이 피보팅'이라고 한다.

위기를 기회로 만들기 위해서는 다양한 가설을 세우고, 끊임없이 테스트하면서, 그 방향성을 상시적으로 수정해나가야 한다. 이런 것들을 하나님께 기도하면서 단서를 찾고, 아이디어를 찾아 목회의 대안을 마련해야 한다.

시민의식의 부족을 드러낸 한국 교회

교회는 시민의식을 가졌는가?

교회가 세상의 답이자 희망인데 코로나19 이후에 교회는 그 역할을 하지 못했다. 그 이유는 교회의 시민의식이 턱없이 부족했기 때문이다. 크리에이터 김병완은 『초의식 독서법』에서 '의식'의 중요성을 이야기한다. 독서할 때는 마음과 몸과 의식이 깨어 있어야 한다고 말한다. 그는 사람의 능력보다는 의식이 중요하다고 말한다.

사람들도 의식이 중요함을 안다. 그러기에 대화 중 '의식'이란 단어를 종종 사용한다. '너는 왜 의식이 그 모양이야?' 혹은 '너는 의식이 있네!', '너는 이 정도 의식도 없이 사니?' 등등이다. 여기서 말하는 의식 있는 삶이란 생각 없이 사는 것이 아니라 생각하며 사는 것을 말한다. 기분 내키는 대로 사는 것이 아니라 의미와 가치를 추구하며 사는 것을 말한다. 내 편한 대로 사는 것이 아니라 주위를 돌아보며 사는 것을 말한다. 자기만을 생각하며 사는 것이 아니라 공동체를 생각하며 사는 것을 말한다.

'의식 있는 삶'은 다른 말로 하면 의미 있게 사는 삶이다. 숭고한 가치를 고양하며 사는 삶이다. 쉬운 말로 하면 욕망에 따라 살지 않고 다른 사람과 같이 행복을 가꾸며 살아가는 삶이다. 의식은 영적으로 말하면, 한 마디로 스피릿(spirit)이다. 즉 정신 상태라 할 수 있다. 영적으로는 '영적 민감성'이라 할 수 있다. 정신 상태나 영적 민감성이 대단히 중요하다. 이것에 의해 시민의식이 결정되기 때문이다. 우리나라는 코로나 방역의 일등 국가다. 일등 국가가 된 것은 국가의 방역 시스템에 자발적으로 적극 협조한 높은 시민의식 때문이다.

교회는 영적의식을 갖고 살아간다. 교회는 영적의식은 물론 시민의식도 갖고 살아가야 한다. 세상 사람보다 높은 시민의식이 장착되어 있어야 한다.

코로나19는 교회의 시민의식이 바닥임을 보여주었다

코로나19 이후에 나타난 현실적인 시민의식은 어떤가? 교회는 하나님 나라 시민의 시민의식을 보여주지 못했다. 코로나19 초기에 대면 예배를 드리는 것에만 집착해 방역의 구멍이 되다시피 했다. 영적 스피릿의 실종을 보여준 것이 전광훈 목사와 사랑제일교회 그리고 극보수 교인들의 행태이다. 그들은 결코 한국 교회의 대표자가 아니다. 하지만 교회 내부의 사정을 모르는 사람들은 그가 한국 교회를 대표한다고 믿는다. 이들로 인해 교회의 시민의식이 높지 않음이 세상에 드러나게 되었다.

그때는 국민이 코로나19 방역에 힘을 쏟아 해결점을 찾아가는 즈음이었다. 코로나19로 인해 지쳐가던 시민들이 방역의 성공에 희망을 품고 있을 때 전광훈 목사가 그 희망을 없이 여지없이 깨트려버렸다. 그는 8월 15일에 전국에서 사람들을 불러 모아 서울 광화문 도심 집회를 개최했다. 이 집회로 인해 확진자가 무더기로 발생했다. 광화문 집회로 인한 코로나 확진자가 647명, 집회를 주도한 사랑제일교회와 관련한 코로나 확진자가 1173명이나 발생했다(2020년 10월 20일 기준). 사랑제일교회의 확진자 수가 대구 신천지 다음으로 많았다.

결국 서울 광화문 도심 집회는 코로나19 재확산의 도화선이 되었다. 그 결과 수도권은 사회적 거리두기 2.5단계가 2주간 시행되었다. 한 달이 지난 10월에도 사회적 거리두기 2단계가 시행되었다. 교회의 시민의식의 실종은 교회를 상종하지 못 할 집단으로 낙인찍히게 만들었다. 사람들은 교회가 한국 땅에서 사라졌으면 하는 바람까지 나타냈다. 시민의식의 실종은 결국 하나님의 영광을 가리게 했다. 이것은 소자 하나라도 실족시키지 말라고 하신 예수님 말씀을 위배한 것이라 해도 과언이 아니다.

> "누구든지 나를 믿는 이 작은 자 중 하나를 실족하게 하면 차라리 연자 맷돌이 그 목에 달려서 깊은 바다에 빠뜨려지는 것이 나으니라"(마 18:6)

실종된 기독교의 시민의식은 급기야 청년들로 하여금 교회를 다니고 싶지 않게 만들었다. 나는 페이스북에서 기독교에 실망한 한 청년의 글을 읽은 적이 있다.

"우리 친구가 코로나가 진정되면 교회에 나가고 싶다고 했는데, (최근 교회를 보며) 그 마음이 싹 사라졌다고 해 걱정이 많이 됩니다. 저 또한 마음을 꽉 잡아야겠습니다."

청년들은 차라리 코로나19는 참을 만하다고 말한다. 하지만 전광훈 목사가 보여준 것과 같은 실종된 시민의식은 참기가 어렵다고 한다. 교회는 코로나19를 거치면서 기독교의 시민의식이 바닥임을 보여주었다.

기독 청년들의 시민의식은 달랐다

어른들은 실종된 시민의식을 보여주었다. 하지만 청년들은 달랐다. 그들은 어른들의 행태를 보다 못해 시민의식의 회복을 위해 나섰다. 급기야는 호소문까지 발표했다.

"한국 교회는 청년들의 목소리를 듣고 응답하라"

대한예수교장로회 통합, 기독교대한감리회, 한국기독교장로회, 기독교한국루터회 청년회 전국연합회들과 한국기독 청년협의회(EYCK)는

2020년 9월 2일 '우리는 존망(存亡)의 기로에 서 있다'는 호소문에서, 한국 교회가 코로나19 재확산 등으로 사회의 비난을 받는 것은 스스로 자초한 일이라며, 먼저 자성하자고 말했다.

청년들은 "우리의 호소는 예수를 닮고자 몸부림쳤던 앞선 신앙인들의 역사가 부정당하는 것을 바라보며 흐느끼는 절박한 울음이다"라며 한국 교회가 기독 청년들의 목소리를 들어 달라고 호소했다. 이들이 왜 이렇게 외쳤는가? 교회는 시민의식이 가장 높은 집단이어야 함을 알고 있기 때문이다. 그리고 높은 시민의식이 하나님의 뜻임을 알기 때문이다.

시민 의식의 실종은 '순교 정신' 실종의 방증이다

시민 의식이 실종되면 나타나는 것이 '순교 정신의 실종'이다. 교회의 시민 의식 실종은 순교 정신 실종의 바로미터이다. 기독교는 십자가의 종교다. 그러므로 십자가의 정신을 항상 붙들고 살아가야 한다. 순교 정신은 위기 속에서, 척박한 환경에서 더욱더 빛을 발하게 되어 있다. 하지만 코로나19에는 순교 정신이 보이지 않았다. 순교 정신이 어디에 갔는지 찾을 수가 없었다. 코로나19로 교회가 타격을 많이 받은 이유는 순교 정신의 실종 때문이다. 순교 정신이 있었다면 큰 타격은 없었을 것이다.

코로나19는 작은 교회로 하여금 교인 수와 재정 면에서 두 손과 두 발을 다 들게 했다. 코로나19로 국민과 소상공인이 어려워지자 국가는 어려운 소상공인들을 지원했다. 하지만 작은 교회는 국가의 지원을 받지 못했다. 그러면 교회끼리 서로 돕는 순교 정신을 발휘해야 했다. 소상공인들은 2차 재난지원금을 통해 집합 금지 업종은 200만 원까지 받았다. 특수 형태 근로자와 프리랜서들도 재난지원금을 받았다. 하지만 작은 교회는 그 대상에서 빠졌다. 그렇다고 대형교회로부터 생존을 위한 도움의 손길이 미치지도 않았다. 작은 교회들은 그저 각자도생의 길을 선택해야 했다. 그 결과 작은 교회 목회자는 세상의 직업전선에 뛰어들 수밖에 없었다. 이는 교회 안에서 순교 정신이 실종되었음을 보여준다.

자신에게 더욱더 혹독하게 하는 것이 대안이다

시민의식을 회복하려면 순교 정신이 발휘되어야 한다. 순교 정신은 다른 표현으로 자신에게 더욱더 혹독한 것을 뜻한다. 순교 정신은 손해는 물론, 희생이 기본이기 때문이다. 나는 아트설교연구원 회원들이 코로나19 이전보다 자신을 더욱더 혹독하게 다룰 것을 주문했다. 그리고 기대했다. 그 기대는 여지없이 무너졌다. 더 혹독하게 자신을 다루지 않았다. 한국 교회 지도자들에게 기대도 했다. 하지만 그들도 자신을 혹독하게 대하지 않았다. 도리어 나약함만을 보았다. 그저 육신의 편함과 자기 교회의 문제 해결에 급급했다.

설교자에게 글쓰기와 공부를 촉구하는 입장에서 나는 사람들이 더 많이 공부할 줄 알았다. 그러나 그전보다 훨씬 더 공부하지 않았다. 아트설교연구원 회원들도 전보다 더 과제를 하지 않았다. 과제 제출의 양도 많이 줄었다. 정신을 바짝 차려도 부족한데 게으름과 나태함 그리고 편안함을 추구할 뿐이었다. 말로는 시민의식을 이야기하지만, 삶에서 시민의식이 드러나지 않는다. 영적 민감성은 찾아보기 어렵다. 그저 누가복음 12장 19절 말씀처럼 살고 있는 듯하다.

"또 내가 내 영혼에게 이르되 영혼아 여러 해 쓸 물건을 많이 쌓아 두었으니 평안히 쉬고 먹고 마시고 즐거워하자 하리라"

코로나19 상황은 평안히 쉬고 먹고 마시는 때가 아니다. 자신을 혹독하게 다루어야 한다. 할 수만 있다면 예수님처럼 순교 정신으로 살아야 한다. 리부트를 통해 위기를 기회로 만들었던 김미경 강사처럼 순교 정신으로 대안을 찾고자 몸부림쳐야 했다. 그녀가 수백 권을 읽었다면 그 배를 읽어서라도 대안을 찾고자 해야 한다.

우리의 위기를 대하는 의식, 삶을 살아가는 의식은 복싱 선수보다 훨씬 못하다고 생각된다. 플로이드 메이웨더 주니어(Floyd Mayweather Jr.)는 50전 50승이란 대기록을 세운 복싱 선수이다. 승리가 절실했던 메이웨더에게 스승이 이런 말을 했다. "숨을 쉬고 싶은 만큼 간절해야 해", "숨 쉬는 것만큼 오직 성공만을 원하게 되는 시점이 올 때 그때 넌 성공할 거야" 스승이 여기서 머물지 않고 덧붙인 말이 있다.

"내가 승리하고 싶다면 잠자는 것 정도는 포기할 의지가 있어야 돼!"

지금 우리가 가져야 할 마음가짐이다. 잠을 잘 정도는 포기할 수 있어야 한다. 그 정도로 절실한 마음이 있어야 한다. 그것이 기독교인의 순교 정신의 기본이다.

나태함은 순교 정신과 배치된다

시민의식이 부족하니 문제의 교회로 낙인찍혔다. 순교 정신을 발휘하지 못하니 목회자와 교인의 나태함 그리고 게으름이 드러났다. 얼마 전 어떤 집사와 대화하는 데 자신의 나태함이 자신에게 희망을 주지 못하는 것 같다는 이야기를 했다. 우리 시대 가장 영향력 있는 신학자 중의 한 사람인 미로슬라브 볼프(Miroslav Volf)는 『광장에 선 기독교』에서 기독교인이 나태함에 빠지는 이유를 세 가지로 이야기한다.

첫째, 신앙인의 인격과 관련된다. 신앙이 너무 많은 것을 요구한다고 생각하며 자신들이 원하는 가르침만 따르려고 한다.

둘째, 생존하고 성공하기 위해서는 신앙의 요구가 아닌 체제의 규칙에 따라야 한다고 생각한다.

셋째, 신앙은 오늘날의 문제에 적합하지 않다.

나태함은 인격과 관련이 깊다고 한다. 인격은 곧 신앙이다. 결국 순교 신앙의 실종은 나태함으로 표출된다. 그는 야고보서의 표현을 따라 말하기를 '나태한 신앙은 기독교 신앙이 아니라'고 한다. 순교신앙은 행동하는 신앙이다. 행동 신앙은 우리의 걸음걸음마다 의미를 부여한다.

영화 「신과 함께」에는 여러 가지 지옥이 언급된다. 살인 지옥, 거짓 지옥, 불의 지옥, 배신 지옥, 폭력 지옥, 천륜 지옥 등이다. 그중 하나가 '나태 지옥'이다. 나태 지옥은 생전에 게으르게 살았던 사람들을 심판하는 곳이다. 이곳에서 유죄 판결을 받은 망자는 회전하는 봉을 피하기 위해 영원히 달려야 하는 '천벌'을 받게 된다.

우리는 시민의식의 실종에 대한 원인을 분석해야 한다. 목회자와 교인의 나태함을 분석해야 한다. 분석한 다음 보완해야 한다. 보완은 순교 정신으로만 가능하다.

교회는 코로나19 위기에 대처할 능력이 있는가?

'팬데믹(Pandemic)'의 상황이 '패닉(Panic)'을 불러왔다

　'팬데믹'

세계보건기구(WHO)가 선포하는 감염병 최고 경고 등급으로, 세계적으로 감염병이 대유행하는 상태를 일컫는다. 2020년 '코로나19'의 확산세가 전 세계로 이어지자, WHO는 2020년 3월 11일 사상 세 번째로 팬데믹을 선포했다. '코로나19'는 중국 우한에서 시작되었다. 처음에는 '우한 폐렴'이라 명명되었다. 우한에서만 폐렴 환자가 발생하고 말 줄 알았기 때문이다. 그런데 이 증상이 전 세계적으로 급속히 퍼졌다.

　세계는 코로나19와 치열한 전쟁을 치르고 있다. 미국은 확진자 수 2,700만 명(2021년 2월 11일), 사망자 수 46만 명(치명률 1.7%)을 넘어서서 세계 최고의 불명예 국가가 되었다. 그다음은 인도, 브라질, 러시아, 프랑스

순으로 확진자가 많이 발생했다. 문제는 코로나19가 언제 끝날지 알 수 없다는 것이다.

팬테믹! '위기'를 '기회'로 만들 수 있는가?

　"위기는 기회다."

위기의 때에 가장 많이 듣는 말이다. 미국 대통령인 존 F. 케네디(John F. Kennedy)도 이런 말을 했다.

> "중국인은 '위기'를 두 글자로 쓴다. 첫 글자는 위험의 의미이다. 두 번째 글자는 기회의 의미이다. 위기 속에서는 위험을 경계하되, 기회가 있음을 명심해야 한다."

위기에 대해 영국 수상을 지낸 윈스턴 처칠(Winston Churchill)은 이렇게 말했다.

> "비관주의자는 어떤 기회 속에서도 어려움을 보고, 낙관주의주자는 어떤 어려움 속에서도 기회를 본다."

그가 이렇게 말한 것은 모든 기회에는 어려움이 있으며, 모든 어려움에는 기회가 있기 때문이다. 아모레퍼시픽그룹 창립 75주년 디지털·비대면 기념식에서 서경배 회장은 이렇게 말했다.

"팬데믹, 또 한 번의 도약의 기회"

그는 새 시대의 해답은 고객이 줄 것이라고 말하며, 팬데믹이 또 한 번의 도약을 준비할 기회가 될 수 있다고 말했다. 사람들은 팬데믹 이후 세계경제는 한국에게 기회가 될 것이라고 말한다. 그렇다면 이 팬데믹이 한국 교회에 기회가 되도록 만들어야 한다. 하지만 교회는 위기에 대처할 능력이 없는 것처럼 보인다. 그저 위기에 풍랑에 대처하지 못하고 두려워하는 제자들과 다를 바가 없다. 예수님처럼 위기를 기회로 만들 수 있는 교회가 되어야 한다.

교회 상황은 심각하다

팬데믹으로 인한 교회 상황은 심각하다. 팬데믹으로 인해 교회는 현장 예배를 드릴 수 없게 되었다. 내가 아는 어느 교회는 코로나19 확진자로 인해 2주간 폐쇄되었다. 아트설교연구원도 제대로 된 모임을 갖지 못하고 있다. 팬데믹으로 인해 소상공인과 젊은 층 못지않게 어려운 곳이 교회다. 특히 작은 교회의 어려움은 소상공인 못지않다. 조금만 더 지나면 작은 교회의 어려움은 말하기가 곤란한 지경이 될 것이다. 국민일보에 이런 기사가 떴다.

"현장예배 막혀 '신앙 셧다운'… 양들은 흩어지고 있다."

신앙의 셧다운 상황이 지속되면 규모가 작은 교회들이 문을 닫을 수밖에 없게 된다. 코로나19로 인해 대형교회 180개 이상이 경매 사이트에 올라왔다고 한다. 주위의 작은 교들이 문을 닫고 있다고 듣고 있다. 교회가 겪고 있는 어려움이 심각하다. 그래서 팬데믹 이후가 더욱 더 불투명성하다.

'부린이'와 '동학개미'들로부터 배워야 한다

'부린이(부동산과 어린이의 합성어로 부동산 투자·공부 초보자를 일컫는다)'와 '주린이(주식+어린이)'는 위기의 상황을 몸부림치며 대처하고 있다. 그들은 위기를 돌파하기 위해 예전과 다르게 공부하고 있다. 그리고 남들과 다른 사람이 되려고 노력하고 있다. 공부가 위기를 극복하는 필살기라고 여기기 때문이다. 「SBS 스페셜」이 '부린이와 동학개미'를 방영했다. 이 프로그램을 방영하게 된 것은 요즘 20~30대 밀레니얼 세대가 투자에 관심이 지대하기 때문이다. 이들이 부동산과 주식 투자에 눈을 돌린 것은 불투명한 미래 때문이다.

이전 세대인 베이비붐 세대는 가진 것이 없어도 직장 생활만으로 살아갈 수 있었다. 그리고 살아가는 데 필요한 부를 축적할 수 있었다. 지금은 여러 정황상 직장 생활만으로 살아갈 수 없는 구조다. 그 결과 미래에 대한 희망을 품기 어려우니 밀레니얼 세대들은 독기를 품고 공부한다. 아파트 가격이 한 달에 몇 억씩 오르니 영혼까지 끌어모아서(영끌) 아파트를 마련하고 있다. 예금과 적금으로는 물가 상승률을 따라갈 수 없으니 너도나도 부동산과 주식 투자에 대한 공부를 한다. 그들의 주식과 부동산에 대한 공부의 양이 엄청나다. 그들이 남다르게 공부하는 것은 공부를 하지 않으면 '주린이'나 '부린이'도 안 되기 때문이다.

유명 유튜버 '신사임당'은 밀레니얼 세대들이 부동산과 주식에 뛰어들어 이익을 남기기 위해 엄청나게 공부한다고 말한다. 그들은 공부하지 않으면 위기로 더욱 빠져들 수밖에 없음을 알기 때문이다. 코로나19로 목회자들도 교회의 미래에 대한 위기감을 심각하게 느끼고 있다. 그러면 엄청나게 기도하며 공부해야 한다. 과연 목회자들도 부린이와 동학개미처럼 공부하고 있는가? 목회자들을 가르치면서 그렇지 않음을 느끼며 좌절한다. 공부하기보다는 걱정을 하거나, 불투명한 미래 때문에 마음 둘 곳을 찾지 못하는 것 같다.

우리신학연구소 연구위원, 한국가톨릭문화연구원 연구위원이며『가톨릭평론』편집위원인 방영미는『오 마이 갓 로드-바이러스, 종교, 진화』에서 종교인의 어휘력은 평균적인 대중보다 부족하다고 이야기한다.

이는 목회자가 공부하지 않는다는 다른 표현이다. 더 나아가 그녀는 요즘 종교는 가만히만 있어도 칭찬을 받는 시대라고 말한다. 이 말은 교회가 세상에 영향력은커녕 지탄의 대상이라는 다른 표현이다.

교회가 이런 위기에 몰려 있으니 목회자는 마땅히 공부해야 한다. 이럴 때, 밀레니얼 세대들은 공부한다. 오히려 목회자가 더 많이 공부해야 하는 것 아닌가?

'부린이'와 '주린이'는 위기를 탈출하기 위해 시간을 쪼개 엄청나게 공부한다. 어떤 사람은 그들의 공부 양이 다른 사람이 볼 때도 존경할 만큼이라고 한다.

목회자가 위기에 때 고민한 하는 것 아닌가?

어릴 적, 교회 친구와 통화를 했다. 친구의 첫 마디는 이랬다. "너는 코로나19 이후를 잘 준비하고 있냐?" 열심히 준비하고 있다고 대답을 했다. 친구가 한 마디 더 보탠다. "코로나19로 힘들 때 목회자가 공부할 수 있는 기회이니 더 많이 준비해 절호의 기회로 만들어야 하는데, 그렇지 않은 것 같아 안타깝다."

목회자끼리 만나면 위기를 기회로 만들기 위해 어떻게 해야 되는가에 대해 고민하며 이야기를 주고받는다. 그런데 평신도가 이런 말을 하는 것은 처음이었기에 당황스러웠다. 그 친구는 평신도들이 '이 시기가 목회자의 역량을 드러낼 수 있는 최고의 기간'이라고 말한다는 것도 전해 주었다. '평신도들이 보기에 목회자는 위기의식을 느끼기는 하지만, 위기를 기회로 만들 수 있는 역량을 키우지는 않는 것 같다'는 말도 해 주었다. 내가 보기에 목회자들이 걱정은 참 많이 한다. 그러나 걱정만 하는 것이 더 걱정스럽다.

용문교회 이언구 목사가 이런 말을 한다.

"지금은 개척하는 마음으로 목회를 해야 한다."

그렇다. 어떤 교회이든 개척하는 마음으로 목회를 해야 한다.
지금 시점에서 후배에게 이런 말을 해준다.
"코로나19 이전보다 2배 정도 열정이 필수다."
그리고 덧붙인다.
"고민은 그만! 열정을 불태우는 실행은 On!" 해야 한다.

고민을 지나 남다른 삶을 살아야한다

고민이 고민으로 그치면 안 된다. 고민을 발판으로 남다른 삶으로 나
아가야 한다.

위기를 기회로 만들려면 목회자가 갖출 것은 남다른 삶이다. 남다른
삶이 위기를 박차고 기회로 만들 수 있기 때문이다.

목회자들은 언택트 시대에 어떻게 교회를 세울 것인지 대안을 마련하
기 위해 불철주야로 시간을 사용해야 한다. 시간을 황금처럼 사용해야
한다. 밤잠을 자지 않고 대안을 마련해야 한다. 남다른 콘텐츠를 만들기
위해 기도하고 연구해야 한다. 더 나아가 영성, 지성 그리고 품격으로 내
면을 풍성하게 채워야 한다.

노력의 시작은 엄청난 양의 공부다

위기의 때에 남다른 노력을 기울여야 한다. 남다른 노력의 시작은 교회의 리더인 목회자는 공부이다. 목회자는 공부하되 최상으로 공부해야 한다. 만약 공부하지 않는다면 한국 교회의 미래가 어두울 수밖에 없다. 목회자는 적어도 밀레니얼 세대보다는 더 많이 공부해야 한다. 그 이유는, 공부해야 위기를 진단할 수 있기 때문이다. 더 나아가 작금의 상황을 어떻게 돌파해야 하는지 실마리를 찾을 수 있기 때문이다.

뉴질랜드에서 목회하는 한 목회자와 줌(Zoom)으로 설교 글쓰기를 공부하고 있다. 그도 뉴질랜드에 거주하는 목회자들이 공부하지 않는다고 안타까워한다. 교인들도 목회자가 공부하지 않으니 교회 후임자를 청빙할 때 마땅한 목회자가 없어 고민에 고민을 한다고 한다. 위기탈출의 시작은 공부다. 공부를 하면 시야가 열리고, 세상이 보이며 대안을 흐릿하게나마 찾을 수 있기 때문이다. 기도하면서 공부할 때만 위기라는 절망에서 위기 돌파라는 희망이 생기기 때문이다.

연세대학교 명예 교수인 김형석은 『기독교, (아직) 희망이 있는가?』에서 서양인들의 건축 전통은 지하실, 일층 거실, 이층 서재와 침실로 이루어져 있다고 하면서 목회자들은 이층에 머무는 시간이 많아야 한다고 이야기한다. 목회자들은 주로 이층에 머물면서 일층에 있는 평신도들에게 말씀과 진리를 제시해 주어야 한다는 것이다. 그 이유는 초대교회 사도들의 역할이 그러했기 때문이라는 것이다. 그렇다면 목회자들이 주로 머무는 공간은 서재여야 한다.

어제도 한 분과 통화를 했다. 교회 후임자를 찾아야 하는데 마땅한 사람이 없다고 한다. 그 교회도 인격이 갖춰진 좋은 목회자를 찾는다고 한다. 그리고 설교를 잘하는 실력 있는 목회자를 찾는다고 한다. 그런데 둘다 만족시켜 줄 사람이 없다고 혀를 차고 있었다.

안타깝고도 안타까운 것은 목회자들은 시간의 여유를 '누구 만날 사람 없는가?' 라며 사람을 찾는 데에 쓰는 것을 종종 본다. 그 결과 교회의 미래가 걱정된다. 시간의 여유가 생기면 책을 집어 들어야 한다. 가장먼저 하나님의 책인 성경을 들어야 한다. 그리고 신학, 인문학 서적 등을 들어야 한다. 그리고 기도로 하나님을 찾아야 한다. 하나님과 책 안에 답이 있기 때문이다.

목회자들이 '절실함!'이란 단어를 종종 사용한다. '절실함'이란 단어는 팬데믹 상황에 적용해야 한다. 절실함으로 위기 앞에 서야 한다. 절실함으로 자기 상황을 들여다봐야 한다. 절실함으로 하루하루를 살아야 한다. 절실함으로 공부함으로 팬데믹 이후를 기회로 만들기 위해 지적으로, 영적으로 무장해야 한다.

세상이 놀랄 만한 콘텐츠를 만들어야 한다

21세기를 콘텐츠 시대라고 한다. 이 콘텐츠를 만들려면 많은 양의 공부가 필요하다. 교회는 지적인 실력과 영적인 실력을 갖춰야 한다. 영적인 실력에 앞서 먼저 지적인 실력을 갖춰야 한다. 교회가 만들어내야 할 콘텐츠는 언택트 시대에 적합한 콘텐츠여야 한다. 그리고 세상이 놀랄

만한 콘텐츠여야 한다.

세상이 놀랄만한 콘텐츠를 만들 수 있는 최고의 재료는 하나님의 말씀이다. 여기에 남다름만 덧붙이면 된다. 그 남다름은 창의성에서 나온다. 남다른 창의성은 남다른 지식의 무장을 필요로 한다. 교회가 사람들이 놀랄 만한 콘텐츠를 만들면 사람들이 관심을 갖게 된다. 사람들이 관심을 갖게 되면 자기도 모르게 교회를 의지하기 시작한다. 그러면 교회는 세상에 답을 줄 수 있게 된다.

사람들이 놀랄 만한 콘텐츠를 만드는 기준이 있다. 지금보다 나은 것으로는 부족하다. 지금과 완전히 달라야 한다. 다르지 않으면 무용지물이 될 수 있다. 세계적인 휴대폰 회사 노키아가 망한 이유는 완전히 다른 것이 아니라 지금보다 조금 더 나은 것을 추구했기 때문이다. 사실, 노키아는 2009년 초부터 연구 개발비가 애플의 6배가 넘었다. 어떤 해는 8배까지 차이가 나기도 했다. 그럼에도 애플에 밀려났다.

노키아가 지금보다 조금 더 나은 것을 추구했다면 애플은 전과 완전히 다른 제품을 만들고자 했다. 교회는 애플과 같이 전과 완전히 다른 것이라고 느낄 수 있는 콘텐츠를 만들어야 한다. 지금보다 좀 더 나은 콘텐츠로는 안 된다. 모두가 알고 있는 생각으로는 안 된다. 완전히 다른 콘텐츠여야 한다. 그러려면 완전히 다른 전략, 완전히 다른 생각, 확 차이가 나는 가치를 추구해야 한다. 언택트 시대에는 교회만이 세상에 줄 수 있는 것, 세상이 만들 수 없는 것, 교회만이 만들 수 있는 고유한 콘텐츠, 세상을 압도하는 콘텐츠를 만들어내야 한다. 그러면 교회가 세상에 다시 답을 줄 수 있다. 세상에 답을 줄 수 있게 되면 세상은 교회를 다시 신뢰하게 된다. 그리고 교회가 하는 일에 전적으로 지지를 보낼 것이 틀림없다.

콘텐츠가 21세기에 맞는 콘텐츠여야 한다. 그렇지 않으면 교회는 팬데믹으로 시작된 위기에 직격탄을 맞게 된다. 그러므로 교회는 세상이 놀랄만한 콘텐츠를 만드는데 목회자들의 역량을 모아야 한다.

Chapter 2

언택트 시대의
목회자

UNTACT and the Church

언택트와 교회

시대를 꿰뚫고 있는가?

코로나19는 온라인이 일상이 되게 했다

코로나19는 예전과 완전히 다른 상황을 만들어냈다. 마스크 쓰기, 사회적 거리 두기, 30초 동안 손 씻기 등이 기본이 되었다. 이 중 목회자에게 가장 큰 변화는 오프라인에서 온라인으로의 전환이다. 온라인이 일상이 되자 직장인들도 재택이나 원격 근무를 한다. 직장에서 회의, 미팅은 사라지고 노트북을 이용해 원격으로 회의를 진행한다. 청춘들은 결혼을 미루거나 온라인으로 결혼을 하고, 심지어는 외출도 2부제로 하고 있다.

시장 경제는 예상보다 더 큰 타격을 받고 있다. 소상공인들이 영업을 오랫동안 하지 못했다. 소상공인의 폐업이 속출하고 있다. 이를 단적으로 보여준 사람이 있다. 한때 열 개 가까이 식당을 오픈하며 이태원에 '홍석천 로드'를 만들기도 했던 방송인 홍석천이 자신이 운영하던 모든 식당의 문을 닫았다. 그는 이태원에서 18년 동안 터줏대감이었다. 과거에 하루 매출이 천만 원이었다. 코로나19이후에는 3만 5000원으로 떨어지자 월세 950만 원을 감당하기 어려워 마지막 가게까지 폐업 절차를 밟았다.

방송인 홍석천의 이태원 가게뿐 만이 아니다. 2020년 8월 사회적 거리두기 2.5단계가 시행되자 15일간 문을 닫게 된 영업장이 47만 개나 되었다. 프랜차이즈 업체도 문을 닫는 가게들이 3배나 급증했다. 대형 쇼핑몰조차도 사람들의 발걸음이 뚝 끊겼다. 그러나 상인들은 위약금을 물어주더라도 폐업을 하려고 한다. 소상공인의 폐업으로 종업원들도 길거리로 내몰리고 있다. 나의 단골 카페도 매출이 3분의 1로 줄어 운영이 어려워지자 정직원이 사표를 냈다.

코로나19는 그 이전과 이후의 나의 삶을 180도로 바꾸어놓았다. 아트설교연구원에 오프라인 사역은 명맥 유지도 힘들다. 금요일 두 번 온라인 강의를 진행하고 있다. 그밖에 많은 강의들이 온라인으로 이루어지고 있다. 결국에는 온라인으로만 강의가 진행되는 「아트인문대학」을 시작하기에 이르렀다.

소비 트렌드도 확 바뀌었다

가장 많은 변화 중 하나가 소비 트렌드다. 오프라인에서 온라인으로 본격적으로 바뀌었다. 서울대 소비트렌드 분석센터에서는 『트렌드 코리아 2021』을 발표했다. 소비자 트렌드만 봐도 세상은 매 년 격세지감을 느낄 만큼 엄청난 변화가 일어남을 알 수 있다. 2019년, 2020년, 2021년만 비교해도 세상의 변화는 우리의 상상 이상이다.

2019년 소비 트렌드 키워드는 '콘셉트를 연출하라, 세포마켓, 요즘옛날, 뉴트로, 필환경시대, 감정대리인, 내 마음을 부탁해, 데이터 인텔리전스. 공간의 재탄생, 카멜레존, 밀레니얼 가족, 그곳만이 내 세상, 나나랜드, 매너소비자'였다.

2020년에는 트렌드의 세 가지 중요한 축으로 성장, 양면성, 세분화를 뽑았다. 주요 키워드로는 '멀티 페르소나, 라스트핏 이코노미, 페어 플레이어, 스트리밍 라이프, 초개인화 기술, 팬슈머, 특화생존, 오팔세대, 편리미엄, 업글 인간' 등을 선정했다.

2021년 트렌드의 주요 키워드는 '브이노믹스, 레이어드 홈, 자본주의 키즈, 거침없이 피보팅, 롤코라이프, 오늘하루운동, N차 신상, CX 유비버스, 레이블링 게임, 휴먼터치' 등이다.

이런 소비 트렌드의 변화는 세상이 급변하고 있음을 보여준다. 1년 전과 지금은 완전히 다른 세상이 되어 있다.

과거로 되돌아갈 수 없다

미국 국무장관을 지낸 헨리 키신저(Henry Alfred Kissinger)는 바뀐 상황에서 과거 상황으로 다시 돌아가지 않을 것이라 말한다.

"코로나 끝나도 세계는 과거와 달라질 것"

서울대학교 소비자학과 교수인 김난도는 『트렌드 코리아 2021』에서 이렇게 말한다.

"한번 변화된 것은 과거로 회귀하기 어렵다."

미래학자이자 목사인 최윤식도 『빅체인지 코로나19 이후 미래 시나리오』에서 이렇게 말한다.

"코로나19 행동 수칙이 전체 인류 일상으로 자리 잡을 수도"

위의 말대로 된다면 목회자는 바뀐 상황에 하루속히 적응해야 한다. 물론 상당한 것들은 코로나19 이전으로 되돌아가겠지만, 코로나19 이후 일상이 된 것들은 그대로 지속될 것이다. 그래서 김난도는 자금의 트렌드를 면밀히 분석하고 거기에 충실하게 대응해 스스로를 바꿔나가는 것이 현재 우리가 할 수 있는 최선이자 유일한 대응이라고 말한다.

교회는 시대를 꿰뚫어야 한다

교회는 달라진 세상을 피부로 느끼며 대안을 준비해야 한다. 세상만 달라지지 않았다. 교회도 많이 달라졌다. 특히, 목회 환경, 목회자의 마음가짐, 교인들의 생각이 많이 달라졌다. 교회에서 가장 많이 달라진 것은 대면 예배가 아니라 비대면 예배 즉 온라인으로 예배를 드리게 된 것이다. 대면 예배를 드리더라도 교인들의 예배 참석률이 절반에 불과한 교회들이 태반이다.

목회도 많이 변했다. 심방, 행정 등에서 설교와 교인과의 관계, 소그룹, 영상 등을 만드는 능력 등이 더 중요해졌다. 바뀐 목회 환경에 목회자는 슬기롭게 적응해야 한다. 적응한 뒤 각 교회에 접목해야 한다. 적응하지 못하면 교회는 지금보다 더 침체되기 때문이다. 과거 10년 동안 개신교인 수가 150만 명 정도 줄었다. 도적같이 온 코로나19로 인해 이에 버금가는 교인이 줄어들 것이라고 예측된다. 가장 심각한 것은 다음 세대다. 교회에 Z세대는 물론, 다음 세대가 급감했다.

코로나19로 인해 가장 심각한 것이 교회 재정의 급감이다. 아트설교연구원 회원들을 보면 전년 대비 90% 전후로 재정이 충당된 것으로 파악되고 있다. 어느 교회는 재정이 작년의 70%에 머물고 있다. 경기도 어느 교회는 85% 정도 재정 충당이 되었다고 한다. 나의 신학교 동기의 교회는 98% 재정이 충당되었다고 한다. 서울의 대형교회는 매달 재정 적자를 기록한다고 한다. 교회 재정이 줄자 교회가 가장 먼저 하는 것은 몸집 줄이기이다. 몸집 줄이기의 표적은 교역자 숫자와 선교사 후원비 등이다.

교회의 상황이 더욱 악화되고 있다. 상황이 지금보다 악화되지 않기 위해 교회는 시대를 읽어야 한다. 이젠 목회가 '몸의 목회'에서 '머리의 목회'로 가야 한다. 나는 10년 전부터 '몸의 목회'에서 '머리의 목회'로 바꾸라고 외쳤다. 콘텐츠의 시대, 동영상의 시대, 설교의 시대에는 '머리의 목회'로 전환해야 한다. 전에는 교회를 평가하는 기준 중 하나가 '교인 수'였다. 이젠 '교인 수'에서 '설교 조회 수'로 바뀌었다. 더 나아가

'유튜브 가입 수'로 바뀌었다.

목회를 하드웨어 중심에서 콘텐츠 중심으로 이동해야 한다

앞에서도 이야기했지만, 나는 10년 전부터 목회가 '사역 중심'에서 '설교 중심'으로 패러다임을 전환해야 한다고 외쳤다. '목회 프로그램 중심'에서 '교회만의 차별화된 콘텐츠 생산'으로의 전환을 외쳤다. 그러나 교회는 '설교 중심', '콘텐츠 생산 중심'으로 바꾸지 않았다. 그러다가 코로나19가 도적같이 오자 허둥대고 있는 것 같다.

교회는 여전히 하드웨어 중심, 찾아가는 사역 중심의 목회를 하고 있다. 코로나19 이전에 목회 프로그램을 경쟁적으로 내놓았던 대형 교회들이 지금은 잠잠하다. 잠잠한 이유는 바뀐 시대에 맞는 콘텐츠가 없기 때문이다. 코로나19 초기에는 소형 교회들이 힘들어 했다. 그러나 1년이 다 돼가는 시점에서 대형교회들이 더 힘들어하고 있다. 이는 시대의 흐름을 무시한 결과이다. 코로나19가 바꾸어놓은 목회 환경은 크기에 상관없이 교회들을 어렵게 만들었다. 교회는 속히 하드웨어 중심에서 콘텐츠 중심으로 바꾸어야 한다.

'코로나 19' 사태로 인해 교회 기능이 '설교'로 축소되었다

비대면의 시대가 되자 교회가 할 수 있는 것이 거의 없다. 그저 예배만 붙들고 있다. 그 결과 설교가 목회의 전부인 것처럼 보이게 되었다. 목회자는 목회를 재정의해야 한다. 코로나19에 맞게 재정의해야 한다. 과거에 목회는 설교, 교육, 양육, 심방, 행정 등 수많은 것을 포함했다. 코로나 19 시대에는 설교 외에는 할 수 있는 것이 없다. 이제 목회자들은 장례식도 마음껏 집례를 못한다. 오로지 설교 하나에 목숨을 걸어야 한다.

목회가 설교로 축소되었다면 설교에 올인 해야 한다. 그리고 교인들이 듣고자 하는 설교를 하기 위해 노력하고 준비해야 한다. 나는 적용법 중 하나인 '메시지 만들기'에서 메시지를 만들 때 두 가지 전제 조건을 이야기한다. 하나는 '설교자가 원하는 것은 무엇인가?'이다. 또 다른 하나는 '교인이 원하는 것은 무엇인가?'이다. 설교자는 하나님이 원하시는 설교를 해야 한다. 그리고 교인이 원하는 설교를 해야 한다. 그럴 때 설교로 축소된 목회가 탄력을 받을 것이다.

설교 중시는 '독서 중시'로 이어지게 만들었다

설교가 중요한 시대에 설교자는 독서광이 되어야 한다. 독서하지 않고 설교할 수 없기 때문이다. 아트설교연구원 회원들 중 어떤 회원은 글을 쓸 때 무엇을 쓸지 고민만 하는 것을 본다. 그때마다 한 마디 해준다.

"독서를 해야 무엇을 쓸 것인가를 고민하지 않게 됩니다."

독서를 하면 생각이 끊이지 않는다. 독서를 하지 않으면 생각이 끊겨 쓸 글이 없다. 설교자가 진력해야 할 것은 세 가지다. 말씀 묵상, 독서, 기도다. 그중에서 독서가 중요해졌다. 이제 설교자에게 독서는 삶의 일부가 되어야 한다. 아트설교연구원의 회원들은 코로나19 사태를 기점으로 독서에 매진중이다. 몇몇 회원들은 책을 매일 한 권씩 읽으려고 한다. 그들은 아침에는 말씀을 묵상하고 기도한 뒤 나머지 시간에 독서에 매진한다. 그것은 코로나19로 인한 사역 축소로 책을 읽을 시간이 충분해졌기 때문이다.

나는 코로나19를 거치면서 더욱더 독서와 글쓰기에 매진하고 있다. 때에 맞춰 나는 『독서'꽝'에서 독서'광'으로』와 『감사 인생』, 『언택트와 교회』를 썼다. '코로나19'는 설교자나 그리스도인에게 독서'꽝'을 탈출할 절호의 기회다. 그리고 독서'광'으로 살아갈 습관을 들이는 데 최적의 기회다.

코로나19는 한국 교회의 위기인 동시에 기회이다. 위기로 전락하느냐 기회로 만드느냐는 독서를 어떻게 대하느냐에 달려 있다. 이번 기회를 독서하는 습관으로 만들어야 한다. 영국의 소설가 버지니아 울프(Virginia Woolf)는 습관에 대해 이런 말을 했다.

　　"시간이 자기도 모르는 사이에 한 사람의 얼굴을 바꿔놓듯이 습관은 인생의 얼굴을 점차적으로 바꿔놓는다."

습관은 설교자의 얼굴을 바꿔놓는다. 더 나아가 독서는 설교자의 목회를 바꿔놓는다. 그러므로 독서를 통해 목회의 패러다임을 시대에 맞게 설정해야 한다.

자기만의 콘텐츠(Contents)가 있는가?

자기만의 킬러 콘텐츠(Killer contents)가 필요하다

"자기 것이 있는가?"

내가 회원들에게 종종 하는 말이다. 코로나19 이후 목회자에게는 자기 콘텐츠가 있는가 물어야 한다. 자기 콘텐츠가 없다면 자기만의 콘텐츠를 개발해야 한다. 코로나19 이후 전문가들이 입만 열면 콘텐츠의 중요성을 이야기한다. 언택트 시대를 살아가려면 자기만의 콘텐츠가 필수이기 때문이다. 그러나 콘텐츠 개발은 쉽지 않은 일이다. 그리고 콘텐츠개발에는 꽤 많은 시간이 요구된다.

교회도 콘텐츠가 있어야 한다고 말한다. 언택트 시대에 교회가 세상에 좋은 영향력을 미칠 수 있는 것은 콘텐츠이기 때문이다. 그런데 교회는 이미 세상에 없는 콘텐츠인 말씀을 가지고 있다. 이 말씀을 사람들이 관심 갖도록 만드는 킬러 콘텐츠가 있어야 한다. 곧 교회에는 물론 세상에도 지배적인 영향을 미치는 킬러 콘텐츠가 있어야 한다.

코로나19 이전보다 더 많은 열정을 갖춰야 한다

콘텐츠 만들기는 쉽지 않다. 그래서 내가 종종 하는 말이 있다.

"일정 기간 자신이 없는 것처럼 살아라."

콘텐츠를 만들려면 자신이 없는 것처럼 일정 기간 열정적으로 살 필요가 있다. 누구나 자기만의 콘텐츠를 만들려면 불타오르는 열정이 기본이기 때문이다. 자신에게 한 번 질문해 봐야 한다. 코로나19를 겪으면서 이전보다 더 큰 열정으로 살아가고 있는가? 전에는 최선을 다했다면 이제는 최선에 최선을 다하며 살고 있는가?

아마 대부분 전보다 못한 삶을 살고 있다고 느낄 것이다. 그것은 왜 일까? 아무리 못해도 전과 비슷하게 살아야 한다. 미래에 대한 불안과 걱정으로 전과 같이 사는 것이 쉽지 않다. 언택트 시대에 할 것은 많고 개인적으로 사용할 시간은 적으니 열정을 불태우기 쉽지 않다.

코로나로 인해 사역의 기회가 줄어들었다. 그렇다고 해서 사역의 양이 줄면 안 된다. 사역의 양을 더 늘려야 한다. 사역을 만들어서라도 더 열정적으로 해야 한다. 그럴 때 자신이 섬기는 교회에 맞는 콘텐츠를 만들 확률이 높아진다.

오프라인으로 만날 수 없다면 온라인으로라도 더 많이 만나야 한다. 전화, 카톡, 줌 등으로 더 많이 만나야 한다. 자기 만의 콘텐츠를 만들 수 있는 열정을 불태워야 한다.

예수님의 제자들은 상황이 안 좋을 때 더 열정을 불태웠다

우리가 열정을 불태워야 하는 이유는 예수님의 제자들이 열정을 불태 웠기 때문이다. 예수님께서 하늘로 승천하시자 제자들의 의식이 바뀌었 다. 상황이 좋지 않게 되자 더욱더 열정을 불태웠다. 그들은 기도하지 않 던 사람들이다. 예수님께서 십자가의 죽음을 앞두고 베드로와 세베대의 두 아들들을 데리고 기도하러 올라가신 적이 있다. 예수님께서 기도한 뒤 돌아 보니 제자들은 자고 있었다. 그 자는 모습을 보시고 예수님께서 이런 말씀을 하셨다.

> "너희가 나와 함께 한 시간도 이렇게 깨어 있을 수 없더냐 시험 에 들지 않게 깨어 기도하라 마음에는 원이로되 육신이 약하도 다."(마 26:40-41)

가장 기도해야 할 상황에서도 기도하지 않던 제자들이다. 그런데 예수 님이 승천하신 후 제자들은 기도의 열정이 불타올랐다. 예수님이 함께 계실 때보다, 지금 예수님이 계시지 않을 때 더 많이 기도했다. 아니 오 로지 기도에 힘을 쏟았다.

> "여자들과 예수의 어머니 마리아와 예수의 아우들과 더불어 마 음을 같이하여 오로지 기도에 힘쓰더라."(행 1:14)

제자들은 예수님께서 계시지 않아서 낙심한 것이 아니라 더욱더 마음을 추슬렀다. 그리고 기도의 열정을 불태웠다. 어릴 적 어머니가 밖에 일 보러 나가실 때마다 한 가지 당부를 하셨다. "엄마 있을 때보다 동생들과 더 잘 지내고 있어야 한다." 어머니 계실 때는 동생들과 싸워도 된다. 하지만 어머니가 계시지 않을 때에는 동생들과 더 사이좋게 지내야 한다. 어머니가 안 계실 때는 동생에게 더 신경을 써야 사고를 미연에 방지할 수 있기 때문이다.

코로나19는 위기를 가져다주었다. 이는 코로나19 이전보다 더 열정을 불태워야 함을 말해준다. 예수님의 제자들이 예수님 계실 때보다 예수님이 승천하신 후 더욱 열정을 불태웠던 것처럼 우리도 이전보다 더 열정을 불태워야 한다.

언택트 시대는 콘텐츠에 의해 결정된다

"열정을 더 많이 불태워라."

코로나19를 겪으며 내가 살아가고 있는 삶의 모습이다. 나는 전보다 더 많이 공부하고 있다. 사역도 더 많이 하고 있다. 최근에는 하지 않았던 '책 쓰기 여행'까지 만들었다. 이는 열정을 불태워야 한다고 생각했기 때문이다. 언택트 시대에 맞는 삶을 살려고 하면 더 큰 열정을 쏟아부어야 한다. 그럴 때 사람들이 열광할만한 콘텐츠를 만들 수 있다. 연세대학교 최재붕 교수는 『포노 사피엔스』에서 이런 말을 한다.

"성공한 유튜버의 조건에 돈 많은 부모, 엄청난 학벌, 뛰어난 외모는 없습니다. 오직 사람들이 열광할 만한 콘텐츠가 있느냐의 경쟁뿐입니다."

유튜버의 경쟁력은 다름 아닌 콘텐츠다. 내가 좋아하는 콘텐츠가 아니라 사람들도 좋아할 수 있는 콘텐츠다. 성열홍 교수도 『딥 씽킹』에서 콘텐츠에 대해 이런 말을 했다.

"재미와 감동을 주는 이야기는 인류가 태동한 이래 시작된 가장 오래되고 가치 있는 산업이다. 이제 농업, 제조업, IT 등 어떤 분야의 산업이든지 그 속에 이야기, 즉 콘텐츠가 없으면 새로운 시장을 확보할 수가 없다. 그래서 우리는 콘텐츠 사업을 인류의 마지막 산업이라고 부르기도 한다."

콘텐츠 산업이 21세기 마지막 산업이라면, 교회도 이 산업에 적극적으로 뛰어들어야 한다. 산업화 시대에는 하드웨어가 중요했다. 하지만 4차 산업혁명 시대는 소프트웨어의 주축인, 다른 사람과 차별화할 수 있는 자기만의 킬러 콘텐츠가 중요하다. 이 킬러 콘텐츠를 만들기 위해 일정 기간 예수님의 제자들처럼 더 열정적으로 살아야 한다.

온리 원(Only One)의 콘텐츠가 있는가?

'온리 원'의 콘텐츠가 있는가?

사람들이 종종 묻는다. "언택트 시대를 어떻게 살아야 하는가?"라고. 나는 "더 많이 공부하고, 더 많이 만나고, 더 많이 공감하고, 더 많이 민감해야 한다"라고 대답한다. 더 나아가 "베스트 원(Best One)이 되지 말고 온리 원(Only One)이 돼라"라고 말해 준다.

'온리 원'의 특징이 있다. 다른 사람에게 있지 않고 자기에게만 있는 것을 말한다. 자기만 갖고 있는 콘텐츠를 '온리 원 콘텐츠'라 말할 수 있다. 누구나 온리 원의 콘텐츠를 만들 수 있다. 하나님께서 각자에게 독특한 은사를 주셨기 때문이다. 하나님께서 각자에게 주신 은사는 독특하고 유일한, 즉 '온리 원'이기 때문이다.

우리는 그 자체가 '온리 원'이다. 이 세상에서 '나'라는 사람이 단 한 명뿐이기 때문이다. 단 한 명뿐인 내가 만든 콘텐츠는 이미 '온리 원' 콘텐츠다. 지금 나에게 '온리 원'의 콘텐츠가 있는가? 없다면 만들어야 한다. 코로나19 이후 언택트 격변기인 지금을 '온리 원'의 콘텐츠를 만드는 시간으로 삼아야 한다.

'온리 원'의 콘텐츠, 어떻게 만들 수 있는가?

문제는 '온리 원의 콘텐츠를 어떻게 만드는가?'이다. 질문을 통해서 만들 수 있다. 이지훈 세종대학교 교수는 『혼, 창, 통』에서 창을 이렇게 이야기 한다.

"창: 끊임없이 '왜?'라고 물어라. 그러면 열린다."

우리가 '온리 원'의 콘텐츠를 만들려면 '왜?'라는 질문을 던져야 한다. 그리고 '어떻게?'라는 질문을 던져야 한다. 질문을 던져야 하는 이유가 있다. 질문을 던지면 고민하게 된다. 답을 찾기 위해 깊은 고민이 시작된다. 고민을 하게 되면 답을 찾기 위해 시도한다. 시도하면 어떤 것이든 결과가 나온다. 그러므로 당장 질문부터 던져야 한다. 그리고 시도해야 한다.

황효진은 책부터 팟캐스트까지 다양한 콘텐츠를 꾸준히 만들고, 때때로 실패하며 배우는 기획자이다. 또한 일하는 밀레니얼 여성을 위한 커뮤니티 '빌라선샤인'의 콘텐츠 디렉터이기도 하다. 그녀는 『나만의 콘텐츠 만드는 법』에서 '어떤 콘텐츠를 만드느냐?'가 아니라 '왜?'라는 질문을 먼저 던지라고 말한다. '왜 이 콘텐츠를 만들어야 할까요?', '이 콘텐츠 만드는 목적이 무엇인가요?'라고 질문해야 한다고 한다. 모든 콘텐츠 기획은 이 두 질문에서 출발해야 한다는 것이다.

그녀는 그다음이 중요하다고 말한다. 콘텐츠를 만들려고 하는 목적이 정해졌다면 이제 자신 안에 있는 콘텐츠의 씨앗을 찾으라고 말한다. 질문을 해야 씨앗이 찾아진다. 콘텐츠 씨앗을 발판으로 사람들이 열광하는 콘텐츠를 만들어내야 한다. 일본의 출판 편집자 미노아 고스케는 『미치지 않고서야』에서 이런 말을 한다.

"대중이 열광하는 콘텐츠란, 골똘히 생각해 보면 특정한 어느 한 명에게 강력히 가닿는 콘텐츠다. 극단적일 정도로 어느 한 개인을 위해 만드는 것이 결과적으로 대중에게 퍼져 나간다."

어느 특정한 한 명의 마음을 파고드는 콘텐츠를 만들려면 먼저 생명력이 있는 작은 씨앗이 있어야 한다. 작은 씨앗을 아이디어로 확장해야 한다. 확장하는 과정에서 다른 것과 융합해야 한다. 그럼 어느 순간 스파크가 일어나 '온리 원'의 콘텐츠를 만들게 된다.

나는 2020년에 설교를 위한 묵상인 '창조적성경묵상법'에서 '메시지 만들기'를 최종적으로 만들었다. 이는 오랫동안 생각해왔던 결과물에 불과하다. 이미 내 안에 가지고 있던 씨앗을 발판으로 아이디어를 확장한 결과다. 하지만 결과를 도출하는 과정은 만만치 않았다. 생각과 학문이 융합한 결과 어느 회원의 말처럼 환상적인 '메시지 만들기'가 세상에 나오게 된 것이다.

'온리 원'의 콘텐츠가 치열한 경쟁에서 독자노선을 걸을 수 있게 한다
김난도는 『트렌드 코리아 2021』의 '브이노믹스'에서 이런 말을 한다.

> "오프라인 시장에서는 톱 3가 시장을 나누는 '룰 오브 스리(Rule of Three)'가 통했지만 온라인이 강세인 브이노믹스에서는 승자가 독식하는 '룰 오브 원(Rule of One)'이 강화되는 경향을 보이기 때문이다."

코로나19 이후는 '룰 오브 원'시대라는 것이다. 그렇다면 기존의 사고 방식이 아닌 좀 더 깊이 있고, 폭넓고, 접근이 용이한 사고를 해야 한다. 그 결과 다른 사람과 비교할 수 없는 콘텐츠를 만들어내야 한다. 그렇지 않으면 사람들의 관심을 받지 못한다. 김난도는 그의 책에서 한국의 한 사립대 영화학과 교수의 말을 빌려 '룰 오브 원'의 시대를 현실감 있게 이야기한다.

> "마틴 스콜세이지와 박찬욱 감독에게 영화 강의를 들을 수 있는 시대에, 나의 경쟁력은 무엇인지 자문하게 된다."

코로나19 이후 비대면 예배로 인해 우리나라에서는 네 명의 설교자가 각광을 받는다고 한다. 이찬수, 유기성, 박한수, 조정민 목사다. 그 중 단연 두각을 나타내고 관심을 끄는 설교자는 분당우리교회 이찬수 목사다. 그의 설교에 대한 쏠림 현상이 두드러진다.

나는 코로나19로 인해 사역의 장이 좁아질 것으로 예상해 걱정이 많았다. 그러나 현실은 정반대였다. 오히려 날개를 달 수 있는 상황이 연출되고 있다. '설교 글쓰기'라는 비교 불가한 콘텐츠가 있기 때문이다. 나는 온라인으로 '설교 글쓰기' 강의를 하고 있다. 그 외에도 나만의 콘텐츠가 꽤 있다. 설교를 위한 묵상, 설교 논증법, 설교 구성, 독서, 책 쓰기 등이다.

'룰 오브 원'의 시대이므로 '온리 원'의 콘텐츠가 있어야 한다. 그러려면 남과 다른 삶을 살아가야 한다. 나는 2019년에 남과 다른 삶을 살았다. 겨울에 한 달 동안 대구아름다운교회 이재영 목사와 함께 베트남으로 '책 쓰기 여행'을 떠났다. 그 때 쓴 책이 최근 『감사 인생』으로 출간되어 독자들로부터 좋은 반응을 얻었다. 그때의 책 쓰기 여행의 경험을 바탕으로 2020년 12월의 '책 쓰기 여행'을 기획했다. 2021년 1월, 4월, 5월에도 요청이 들어와 '책 쓰기 여행'을 하기로 했다. 그리고 후반기에도 '책 쓰기 여행'을 계획하고 있다. 2021년에는 '책 쓰기 강좌'도 시작하려고 한다.

'온리 원' 콘텐츠를 만들려면 삶이 극도로 단순해야 한다

진리는 언제나 단순하다. 구원에 대한 진리도 아주 단순하다.

"주 예수를 믿으라 그리하면 너와 네 집이 구원을 받으리라

(행 16:31)."

단순히 주 예수를 믿으면 구원을 받는다. 진리만 단순한 것이 아니다. 책을 쓰려면 단순해야 한다. 더 뺄 것이 없는 글이 완벽한 글이기 때문이다. 프랑스의 소설가인 앙투안 드 생텍쥐페리(Antoine de Saint-Exupéry)가 이런 말을 했다.

"더 더할 게 없을 때가 아니라 더 뺄 것이 없을 때 완벽해진다."

이 말은 단순할 때, 완벽함을 추구할 수 있다는 말이다. 시인이자 한국학연구소 소장인 신광철은 『극단의 한국인, 극단의 창조성』에서 '종묘'는 단순함을 위엄으로 완성한 건축물이라고 말한다.

"종묘에는 다른 건축물과 달리 두 가지가 없다. 왕가의 건축물임에도 단천이 없고, 건축물의 이름이 없다. 정숙해야 할 공간이기 때문이다. 종묘의 주변은 완만한 구릉에 의해 아늑한 기운이 들도록했다. 그곳은 한국인의 기질과 정서를 재현한 공간이다. 종묘는 절대적으로 횡적이다. 그만큼 단순한 형태로 지어졌다는 말이다. 단순함이 가장 깊은 멋과 분위기를 만든다."

건축도 단순함이 맛과 멋을 만들어낸다. 그 뿐 아니다. 단순미가 세상에서 가장 아름답다고 신광철은 말한다.

"누가 뭐래도 세상에서 가장 아름다움은 단순미다. 더욱이 자연미와 단순미가 만나면 미의 절정을 이룬다."

건축도 복잡하지 않고 단순해야 한다. 자연과 같이 단순미를 갖춰야한다. 이뿐 아니다. 남다른 삶을 산 사람들은 한결같이 단순함의 대가들이다.

조선일보 기자 출신으로 『단-버리고, 세우고, 지키기』를 지은 이지훈 세종대 교수는 단순함을 세 가지로 이야기한다.

"최고의 실력은 단순함으로 발휘됩니다. 우선 세 가지로 단순함을 정의하자면, 불필요한 것을 모조리 제거하고 오직 핵심만 남겨놓은 상태, 즉 더 이상 뺄 것이 없는 궁극의 경지, 다음은 중요하지 않은 것에 맞서 중요한 것에 집중하는 것, 마지막이 남의 기준이나 가치를 걷어내고 나만의 가치를 세우는 것입니다."

그는 복잡한 세상에서 성공적인 삶을 살려면 더욱더 단순해져야 한다고 말한다. 21세기 지성을 대표하는 책인 『총, 균, 쇠』의 저자 재레드 다이아몬드(Jared Diamond)는 연구실에는 컴퓨터가 없다. 컴퓨터 대신 구식 녹음기와 빈 테이프만 놓여 있다고 한다. 그가 베스트셀러 작가가 될 수 있었던 비결은 단순함에 있다. 그는 생각이 떠오를 때마다 구식 녹음기에 녹음을 하고, 비서가 녹음된 테이프를 들으면서 타이핑을 해 원고로 만든다고 한다. 그 결과 인터넷을 하는 동안 불필요한 광고를 보지 않아도 된다. 이메일 등에 일일이 답장을 해줄 필요도 없다. 중요한 내용은 비서가 걸러서 전달해 준다.

다윗이 골리앗을 무너뜨릴 수 있었던 것은 단순하게 매일 던졌던 물맷돌 때문이었다. 언택트 시대에 온라인으로 연결할 수 있으려면 온리 원의 콘텐츠가 있어야 한다.

온리 원의 콘텐츠를 만들려면 가장 먼저 할 것이 공부다. 공부하려면 한 가지 조건이 있다. 삶이 단순해야 한다. 공부하는 데 방해가 되는 것은 버려야 한다. 시간 도둑도 잡아내야 한다.

한양대학교 교수인 유영만은 『공부는 망치다』에서 공부에 대해 이렇게 말한다.

> "공부하게 된 것은 치열함의 결과다. 반대로 단순하지 않은 이유는 애매함은 나태함의 선물이다. 단순하게 생각하고 정리하며 표현하는 능력은 오랜 기간 문제의 핵심을 붙잡고 애간장을 태운 결과다."

인터넷 시대에 재미있는 말들이 많은데 그중 의미 있는 말이 있다.

"인터넷 이용자의 90%는 관망하며, 9%는 재전송이나 댓글로
확산에 기여하고, 1%만이 콘텐츠를 창출한다."

인터넷 이용자들은 위의 법칙에 따라 살아간다고 한다. 1%의 사람이
되려면 단순하게 사는 것이 기본이다. 단순하게 살아야 한다. 단순하게
살 때, 공부할 시간도 확보할 수 있다. 단순함이 극에 달할 때 자기만의
콘텐츠, 다른 사람들이 열광하는 콘텐츠를 만들 수 있다.

사람의 '마음 코드'를 맞추고 있는가?

마음 코드를 읽어라

언택트 시대에 중요한 것은 코드 읽기다. 다름 아닌 사람의 마음 읽기다. 마음을 읽지 못하면 소비자가 중심인 시대에 교회가 위기에 빠질 수 있다. 예전에 사람들이 원한 것은 니즈(Needs) 정도였다. 최근에는 원츠(Wants)로 바뀌었다. 니즈가 필요한 것을 채우려는 욕구라면, 원츠란 자신이 필요한 것은 물론 자신이 원하는 것을 선택하는 것을 말한다. 니즈는 삶에도 반드시 필요한 것을 뜻한다. 원츠는 반드시 갖지 않아도 된다. 하지만 더 좋은 것을 갖고자 하는 것을 뜻한다.

스마트폰이 대중화된 시대에 스마트폰이 있어야 하는 것은 니즈다. 원츠는 스마트폰을 구입할 때 내가 원하는 것을 구입하는 것이다. 중국의 값싼 화웨이가 아니라 조금 더 비싼 삼성 갤럭시 노트 21을 가지려 하는 것이 원츠다. 즉 니즈는 기능적 필요라면, 원츠는 심리적 필요다. 그만큼 이젠 심리적 필요를 채워주어야 하는 시대가 되었다. 언택트 시대는 원츠(Wants)에서 한 발 더 나아가야 한다. 바로 라이크(Like)다. 원하는 것을 넘어 자기에게 딱 맞는 제품이어야 한다. 아주대학교 심리학과의 김경일 교수가 이런 말을 했다.

"원츠에서 라이크로 행복의 척도가 바뀐다."

그는 코로나19 사태를 낳은 지금의 문명은 사회가 주입한 경쟁, 비교의 '원츠'를 기반으로 한다고 말한다. 하지만 언택트 시대에 인류는 사회가 심은 '원츠'가 아닌 내가 정말 좋아하는 '라이크'로, 새로운 행복의 척도를 향해 나아간다고 한다. 사람들이 언택트 시대에는 '원츠'가 아니라 '라이크'를 찾는다면, 교회도 '원츠'가 아니라 '라이크'를 주고자 하는 마음 읽기를 해야 한다. 이를 설교에 대입하면, 설교의 콘텐츠가 좀 더 나은 설교에 그치는 것이 아니라 만족함과 행복함을 느낄 수 있는 것이어야 한다.

젊은이들이 교회를 떠나고 있다. 그 이유를 Z세대의 특징을 통해 파악해야 한다. Z세대는 롤러코스터를 타듯이 삶을 살아간다. 그들은 원하는 것을 즐기다가 그 열기가 식어지면 곧바로 떠난다. Z세대를 붙잡으려면 지속적으로 라이크를 채워주어야 한다. 더 나아가 라이크를 통해 매력을 갖도록 해주어야 한다. 코로나19 이후 사람들의 라이크는 의미와 가치 추구다. 이런 의미와 가치를 추구하는 사람들의 마음 코드를 읽어내는 것이 교회가 할 일이다.

언택트 시대는 고객에 집중해야 한다

"세계는 무너졌고 우리가 알던 방식으로는 돌아오지 않는다."

이 말은 세계적 경제학자인 제러미 리프킨(Jeremy Rifkin)의 말이다. 『코로나 사피엔스』에서 이화여자대학교 석좌교수인 최재천 교수는 이런 말을 했다.

"코로나 이후 인류는 완전히 다른 삶을 살게 될 것이다. 누구도 겪어보지 못한 신세계에서 살아갈 우리는 감히 코로나 사피엔스라 부른다."

다른 말로 하면 세상이 전과 완전히 달라졌다는 말이다. 세상이 전에 비해 완전히 달라진 것은 세상만이 달라진 것이 아니라 사람도 시대에 맞게 변했음을 말해준다. 한때 미국의 소매업을 좌지우지한 것은 월 마트였다. 이젠 아마존이다. 월마트의 추락은 다름이 아니라 고객의 마음 잡기에 실패했기 때문이다. 월마트 창업자 샘 월튼(Samuel Moore Walton)이 유명한 말을 했다.

"상사는 단 하나, 고객입니다."

그는 고객만이 자신이 모셔야 할 상사라고 했다. 하지만 월마트는 고객을 잘 모시지 못해 미국 소비자 만족 지수에서 소매업 중 가장 낮은 고객 서비스 평점을 받았다. 월마트가 실패한 것은 아마존이란 거대 공룡의 출현 때문이 아니다. 고객의 마음 잡기에 실패해서 고객이 다른 곳에서 구매하기로 결정했기 때문이다. 샌프란시스코에 소재한 쓰리에스 컨설팅(Three S Consulting)의 파트너이자, 국제적인 컨설턴트인 수만 사카르(Suman Sarkar)는 『위대한 기업은 변화하는 고객의 니즈에 집중한다』에서 이렇게 말한다.

"파괴적 혁신은 고객에서부터 시작된다."

그는 고객의 니즈에 따라 발생하는 시장의 대 격변은 사업의 성패를 결정한다고 말한다. 더 나아가 고객의 니즈를 외면한 기술 개발은 실패한다고 말한다. 언택트 시대는 더욱더 고객 마음의 중요성이 커질 것이다. 언택트 시대에는 고객의 마음을 사로잡은 기업에 고객이 몰릴 것이 분명하다. 세상이 이러한 정황이라면 교회도 사람의 마음을 잡기 위해 노력해야 한다. 사람의 마음을 사로잡기 위해 기업보다 더 많은 노력을 기울여야 한다.

교회는 사람들 마음 잡기에 더 애정을 쏟아야 한다

예전에 선배 목사가 이런 말을 해주었다.

"교회는 사람 장사다."

그때는 그 말 중에 '장사'라는 단어가 들어가서 불쾌했다. 하지만 지금 곰곰이 생각하면 일견 수긍이 되는 말이다. 교회가 사람 장사라면 교회는 사람의 마음 얻기에 사활을 걸어야 한다. 사람의 마음을 얻는 여부에 따라 교회의 미래가 결정되기 때문이다. 코로나19 이후 사람들이 교회를 나오는 것을 꺼려한다. 코로나19도 이유가 있지만 교회의 이미지, 신뢰도가 안 좋기 때문이다. 그 말은 사람 마음 얻기에 실패했다는 이야기다. 요즘 청년들이 교회를 떠나고 있다. 가나안 교인들이 더욱더 증가하고 있다. 이는 교회가 그들의 마음을 얻는 것에 실패했기 때문이다.

이에 대해 목회자마다 다양한 원인과 이유를 말할 것이다. 어떤 말을 하건 마음 얻기에 실패한 것만은 분명하다. 그렇다면 이제 철저한 계획과 실행으로 사람들의 마음을 얻기 위해 노력해야 한다. 교회가 사람들의 마음을 얻지 못한 것은 교회의 신뢰도 조사에서 잘 보여준다. 코로나19 때, 우리나라 중요 기관의 신뢰도를 조사했다. 그 신뢰도에서 교회(엄밀히 말해 종교기관)는 꼴찌인 '국민의 힘' 바로 위에 있다. 이는 교회의 신뢰도가 밑바닥임을 말해준다. 곧, 교회가 사람들의 마음을 얻지 못했다는 뜻이다. 이에 반해 최고의 신뢰도를 보인 기관은 코로나19를 총 관리한 질병관리청이었다.

최근 한류 드라마가 일본, 동남아 등에서 인기라고 한다. 그 비결 중 하나는 고객의 입장에서 제작하기 때문이다. 영화, 드라마, 책 중에서 뜨거운 반응을 얻는 것은 철저하게 고객의 입장에서 만드는 것들이다. 인기를 얻는 것은 언제나 비결이 단순하다. 고객의 마음을 사로잡았기 때문이다. 그렇다면 교회도 사람들의 마음을 잡기 위해 교인의 마음 읽기에 더 마음을 쏟아 부어야 한다.

영성, 지성, 그리고 품격을 갖췄는가?

깊은 영성의 사람이 되어야 한다

언택트가 주류를 이루는 상황이 되자 목회가 훨씬 어려워지고 있다. 교회의 상황이 어려워지면 목회자는 두 가지를 해야 한다.

먼저, 자신의 영성 상태를 지속적으로 체크해야 한다. 영성 상태를 체크하려면 자신의 영성 상태에 대해 의심을 품어야 한다. 그 이유는 의심을 품지 않으면 자신이 어떤 상태인지 정확하게 파악 할 수 없기 때문이다. 다음으로, 기도의 시간을 더 많이 가져야 한다. 나는 코로나19 이전에는 독서하고 글을 쓰느라 기도에 소홀한 편이었다. 코로나19 이후에는 전보다 훨씬 많이 기도를 한다. 꽤 오랫동안 올라가지 않았던 기도원도 올라가고 있다. 이는 영성 관리가 더욱더 중요하다고 생각하기 때문이다.

목회자에게 영성은 핵심이다. 목회자는 하나님과의 깊은 관계를 바탕으로 목회할 수 있기 때문이다. 21세기 키워드는 여성, 영성, 창조성이다. 무신론자였던 이어령 교수가 기독교인이 된 이유는 문학과 지성으로 채울 수 없는 공허함, 즉 영성의 갈증 때문이었다. 그가 일생을 바친 문학은 딸의 죽음 앞에서는 무기력했다. 하지만 영성은 죽음 앞에서 초라함이 아니라 꿈을 꾸게 해주었다.

언택트 시대의 목회자는 깊은 영성의 사람이 돼야 한다. 즉 하나님의 말씀에 사로잡힌 사람이어야 한다. 그러려면 예수님의 마음을 품어야 한다. 예수님의 마음을 품어서 세상에 그리스도의 향기를 풍기는 사람이 되어야 한다.

지성을 갖춰라

김형석 연세대학교 명예교수는 『기독교, (아직) 희망이 있는가?』에서 '공부하는 교회, 공부하는 목회자가 되라'고 말한다.

"앞으로 국민들의 다수가 대학 출신이 되었을 때 교육수준이 낮은 목회자가 어떻게 정신적, 지적 수준이 높은 교인들의 목회를 감당할 수 있을지 우려스럽다. 한마디로 바쁘고 힘들더라도 목회자는 더 열심히 공부해 주기 바란다. 많이 알고 높이 깨달은 사람이 그만한 수준의 교회를 이끌어갈 수 있지 않겠는가. 그리고 좀 더 공부하는 교회가 되었으면 좋겠다. 교우들의 기독교에 대한 인문학적 무지는 지나칠 정도이다. 교리만 배우고 강요당했을 뿐 교회사에도 관심이 없으며 인간문제에 대한 지식도 세상 사람들보다 뒤처져 있다. 우리나라에는 독서를 통해 신앙을 얻고 신앙을 높여가는 크리스천이 매우 드물다. 보수적인 대형교회일수록 독서를 통한 신앙을 발견하기 힘들다."

그는 기독교가 아직도 희망이 있으려면 목회자가 지성을 갖추어야 한다고 말한다. 목회자가 지성을 갖추려면 가장 먼저 할 것이 공부다. 목회자가 왜곡된 자기주장만을 펼치는 것은 지성의 결핍 문제일 때가 많다. 코로나19 위기를 기회로 만들려면 목회자는 세상 리더보다 더 많이 공부해야 한다. 공부해야 하는 이유는 공부가 자기를 성찰케 하는 일련의 과정이기 때문이다.

신앙생활은 주일에 예배를 드리고, 구역예배에 참석하고, 교회에서 봉사하는 것만을 의미하지 않는다. 이는 신앙생활이라기보다는 교회생활이다. 신앙생활은 교회생활보다 범위가 더 크다. 나는 나의 책 『독서꽝에서 독서광으로』에서 이런 말을 했다.

"독서가 신앙생활이다."

독서가 신앙생활이라면 목회자는 지성을 갖추기 위해 반드시 독서를 해야 한다. 설교자를 10년 동안 가르친 경험에 의하면, 설교를 잘하는 목회자는 지성을 갖추었다. 그리고 깊이 있는 지성을 갖추기 위해 주야로 공부한다. 하지만 공부하지 않는 목회자들은 지성을 갖추지 못한 경우가 태반이다.

나는 동네의 여러 군데 카페에서 글을 쓴다. 카페에서 글을 쓸 때, 카페에서 공부하는 목회자를 본 적이 거의 없다. 목회자들은 주로 여기저기서 교회의 문제점을 들춰내는 대화를 할 뿐이다. 하지만 다른 직업군의 사람들 중에서는 공부하는 사람들을 꽤 많이 본다. 최근에 내가 다니는 카페에서도 나이가 지긋한 분이 매일 카페에서 공부를 한다.

목회자는 지성을 기본적으로 갖춰야 한다. 나는 예전에 규모가 큰 교회의 목회자들을 가르친 적이 있다. 큰 교회의 목회자들은 일단 성실하다. 지성을 갖추기 위해 몸부림을 친다. 하나님께 쓰임 받는 목회자가 되려면 지성을 갈고 닦아야 한다. 하나님께서 귀하게 사용하신 인물 중에 사도 바울이 있다. 바울은 당대 최고위 지성을 갖춘 지식인이었다. 지성이 있었기에 이방인에게 복음을 증거하는 사명을 감당할 수 있었다.

언택트 시대에 믿지 않는 사람들에게 다가가는 통로는 온라인이다. 온라인상에는 엄청난 지력을 갖춘 사람들이 많다. 그들보다 조금이라도 나아야 복음의 통로가 될 수 있는 구조다. 언택트 시대에는 하나님께서 목회자에게 지성을 갖추라고 명령한다.

품격을 갖춰라

목회자는 영성을 갖춰야 한다. 그리고 지성을 갖춰야 한다. 마지막으로, 품격을 갖춰야 한다. 식당에서 식사를 하거나 카페에서 대화를 할 때 큰 소리로 떠드는 사람이 있다면, 그는 품격이 없는 사람이다.

영국 총리를 두 번 역임한 윈스턴 처칠(Winston Churchill)은 품격 있는 사람으로 유명하다. 그는 자신에게 가해진 모욕을 품격 있는 유머로 갚은 일화가 있다. 영국의 첫 여성 하원 의원인 낸시 애스터(Nancy Astor)가 면전에서 "당신이 내 남편이었다면 당신 커피에 독을 타겠어요."라고 말했다. 그러자 처칠은 의연하게 이렇게 말했다. "의원님, 내가 당신 남편이라면 그 커피를 마시겠습니다." 처칠의 기품 있는 품격을 보여주는 일화이다.

목회자는 품격 있는 사람이어야 한다. 다른 사람들보다 품격에서 우등생이어야 한다. 그것이 언택트 시대를 슬기롭게 살아가는 방법이다. 수사학에는 세 가지가 있다. 로고스, 파토스, 에토스다. 그 중 품격을 나타내는 에토스가 가장 중요하다. 목회자는 품격을 갖추어야 한다.

독일의 철학자인 쇼펜하우어(Schopenhauer)는 인간의 운명에 영향을 미치고 행복을 좌우하는 근본적인 세 가지 요소를 이야기했다. 첫째, 인격, 인품(도덕성, 지성, 건강). 둘째, 소유물(재산). 셋째, 인상(명예, 명성, 지위 등)이다. 그는 이 셋 중에 가장 중요한 것이 품격이라고 말했다. 그 이유는 품격 외에 다른 것을 추구하는 것은 정신적 빈곤에서 오는 문제들에 불과하기 때문이라는 것이다. 한국예술종합학교 전통예술원 교수, 포스코 전략대학 석좌교수를 거쳐 민족문화 콘텐츠연구원장, Salon In Moon 대표인 박재희는 예전에 KBS 「아침마당(2014.12.10.)」에서 사람 관계를 이야기하면서 이런 말을 했다.

"품격을 갖춘 친구 한두 명이 최고다."

품격 있는 친구가 최고라면 목회자는 뭇사람들의 품격 있는 친구가 되어야 한다. 그럴 때 언택트 시대에 세상이 교회를 존경하게 된다. 나는 아직 품격이 많이 부족하다. 부족하기에 품격을 갖추기 위해 몸부림친다. 나는 누가복음 16장의 탕자 이야기에서 탕자의 아버지처럼 품격을 갖추고 싶다. 탕자의 아버지는 품격이 남달랐다. 그런 품격을 지녔기에 받아주지 않아도 되는 탕자를 아무 조건 없이 꼭 껴안아주면서 받아준다. 이런 품격이 목회자에게 있어야 한다. 안타깝게도 높은 품격을 갖춘 목회자가 그리 많지 않다. 김형석 연세대학교 명예교수는 『인생의 길, 믿음이 있어 행복했습니다』에서 이런 말을 한다.

"나는 적지 않은 지성인들이 교회에 갔다가 목사들 간의 교권 대립이나 교리 갈등에 따른 인간적 품격의 후진성을 목격하고 떠나는 경우를 보곤 한다."

이런 이야기는 목회자들의 품격에 문제가 있음을 지적한다. 목회자는 세상 리더보다 더 높은 수준의 품격을 갖춰야 한다.

인디펜던트 워커(Independent Worker)인가?

목회자의 가정 경제가 어렵다

코로나19로 목회자의 경제 문제가 심각해졌다. 특히 작은 교회 목회자들 중에 경제 문제를 해결하지 못해 투 잡(two job)을 선택하는 경우가 급격히 확산되고 있다. 이제 목회자의 이중직은 토론의 장에서 현실의 장으로 넘어왔다. 한국성결신문은 여론조사 전문기관 리얼미터에 의뢰해 기독교대한성결교회(기성) 교단 소속 목회자와 교인 2,555명을 대상으로 한 설문조사에서 응답자 중 19.3%가 "목회자 생계 문제의 대안으로 이중직 허용이 필요하다"라고 답했다. 예장통합 총회의 한 관계자는 목사 이중직 전면 허용이 시대적 요구라고까지 단언했다.

내 주위에서도 작년까지는 이중직을 하는 사람이 한 명도 없었으나 코로나19 이후 세 명이나 이중직을 하고 있다. 최근에는 한 회원이 가정 경제 때문에 워커가 돼야 한다고, 모임에 더 이상 나올 수 없다고 했다.

부목사로 사역하던 어느 목사는 교회 임지가 준비되지 못한 채 사임을 하게 되었고, 가정 경제가 여의치 않아서 워커로 일을 하고 있다.

2016년 만들어진 페이스북 '일하는 목회자 클럽'에는 6750명의 회원이 가입해 있는데, 그중에 70% 이상이 직업을 가진 목회자다. 목회자들이 하는 일은 복지 분야 일, 생산직 근로자, 아파트 경비원, 보험설계사, 양봉, 택시, 대리운전, 택배 기사, 카페 운영 등이다.

인디펜던트 워커가 돼라

목회자는 가정 경제와 교회를 유지하기 위해서 인디펜던트 워커로 살아가야 한다. 그 이유는 지금은 인디펜던트 워커 시대이기 때문이다. 인디펜던트 워커란 독립 근로자를 말한다. 인디펜던트 워커는 시간, 장소뿐 아니라 직장 상사로부터 자유롭고 그리고 독립적으로 경제활동을 하는 사람이라고 안동수(풍요)는 『인디펜던트 워커의 시대-코로나 이후 일의 변화』에서 이야기한다.

목회자가 인디펜던트 워커가 되어야 하는 이유는, 코로나19라는 극한 경제적 위기 속에서 어느 누구도 도와주거나 책임져 주지 않기 때문이다. 신학교 동기들과 주위 목회자들이 20년을 채우지 못하고 사역을 그만두는 경우를 종종 본다. 한 교회에 충성했지만 다양한 이유로 사역을 내려놓게 된다. 거의 20년 가까이 했던 사역을 내려놓은 후에 그들이 더 이상 사역자나 워커로서 살아가는 것을 거의 보지 못했다. 세계 최고의 미래학자인 제이슨 셍커(Jason Schenker)는 『코로나 이후 불황을 이기는 커리어 전략-세계 1위 미래학자의 코로나 위기 대응』에서 이렇게 말한다.

"코로나19로 인한 불황의 늪이 당신의 일자리를 위협한다."

미국의 존경받는 신학자이자 윤리학자인 스탠리 하우어워스(Stanley Hauerwas)도 이런 말을 했다.

"코로나 시대에는 어쩌면 통제할 수 없는 세상에서 살아가는 법을 우리가 다시 배워야 한다."

목회자도 코로나19 시대에 맞게 살아가는 법을 배워야 한다. 그 중에 하나가 인디펜던트 워커로 살아가는 법이다.

코로나19는 인디펜던트 워커로 살아가는 것을 앞당겼다

코로나19는 인디펜던트 워커 시대를 더욱 앞당겼다. 평범한 직장인으로만 세상을 살아가는 것은 결코 만만치 않은 일이다. 그 결과 독립적으로 일하는 근로자 시대가 급속하게 앞당겨졌다. 정재석 프리랜서 네트워크 대표가 이런 말을 했다.

"모두가 반드시 인디펜던트 워커가 되어야 하는 것은 아니지만, 인디펜던트 워커가 되는 법은 앞으로 모두가 알아야 합니다."

이 시대를 살아가려면 인디펜던트 워커가 되는 법을 알고 있어야 한다. 앞으로는 둘 중 한 명은 홀로 일하는 인디펜던트 워커가 되기 때문이다. 인디펜던트 워커란 기존의 일의 개념을 깨뜨리는 것이다. 인디펜던트 워커는 한 마디로, 내부와 외부의 모든 요인들이 변해도 내가 원하면 일을 할 수 있는 사람이다. 인디펜던트 워커의 특징은, 어디에도 소속되지 않지만 개인의 기술, 능력, 자원으로 계약을 통해 일하고 돈을 받는 독립적인 노동 주체라는 점이다.

코로나19는 목회자를 인디펜던트 워커로 살아가지 않으면 안 되게 만들고 있다. 코로나19가 시작된 지 2년 째인 지금 작은 교회들은 출석이 줄어들면서 특히 재정에 심각한 압박을 받고 있다.

권순웅 외 등이 공저한 『코로나 이후, 교회 교육을 디자인하다』에서 총신대학교 기독교학과 유은희 교수는 1,000명쯤 출석하는 서울의 대형교회를 예를 들어 말한다. 그 교회는 2020년 6월 말 기준 온라인 예배와 병행하여 현장 예배를 제기했다. 출석률은 65~70%이며, 헌금도 그 정도 수준을 유지하고 있다. 25% 정도의 교인들은 거의 '연락이 두절된' 상태다.

한 목회자는 자기 교회 교역자 두 명의 사역지를 위해 도움을 요청했다. 아트설교연구원 회원도 부목사 사역을 그만두라는 통보를 받았다. 어떤 교회는 부목사 몇 명이 사임을 했는데, 더 이상 교역자를 뽑지 않는다. 교회에서 부목사로 사역을 하고 싶어도 사역할 자리가 없다. 담임목사 자리는 부목사 자리보다 더 없다. 목회자로서 더 이상 사역을 할 수 없는 상황이 되면 가정 경제를 책임지기 위해 어떤 일이라도 해야 한다. 그러므로 인디펜던트 워커로 살아갈 수 있도록 준비되어져 있어야 한다.

나는 인디펜던트 워커로 살아가고 있다

나는 인디펜던트 워커로 살아가고 있다. 인디펜던트 워커로 살아가고 있기에 '코로나19'의 영향을 다른 목회자보다 덜 받는 것 같다. 나는 '설교는 글쓰기다'라는 책을 쓴 교계의 유일무이한 강사다. 이런 이유로 코로나19로 상황이 좋지 않지만 설교 글쓰기 사역을 지속하고 있다. 아니 더 사역이 확장되었다. 2020년 10월부터 12월까지 오프라인으로 8주 설교자 대상 글쓰기 사역을 했다. 더 나아가 온라인으로 사역을 확장했다. 2021년부터는 더 많은 사역의 장이 펼쳐진다.

교회 사역만 하는 목회자들은 코로나19로 사역이 크게 위축되고 있다. 나는 조금 상황이 다르다. 어쩌면 '물을 만난 물고기와 같은 상황'이 된 듯하다. 나의 사역 확장은 이렇다. 온라인(Zoom)으로 '아트인문학대학'을 시작했다. '아트인문대학'은 코로나19 이전에는 계획조차 없었다. 하지만 코로나19가 창궐하고 6개월 이상 지속되면서 할 수 있는 기반이 닦여졌다. 나의 사역이 확장될 수 있었던 것은 10년 이상의 독서, 설교 글쓰기, 인문학 독서를 통해 인디펜던트 워커로 살아왔기 때문이다.

지식 비즈니스로 접근하라

코로나19가 지속되자 누구나 위기라고 말한다. 위기는 위기로 그치지 않는다. 누구에게는 기회가 된다. 기회를 만들려면 지식을 갖추어야 한다. 안동수(풍요)는 『인디펜던트 워커의 시대-코로나 이후 일의 변화』에서 이런 말을 한다.

> "인디펜던트 워커가 되기 위한 최고의 방법은 지식 비즈니스가 되는 것이다."

강원국은 『나는 말하듯이 쓴다―강원국의 말 잘하고 글 잘 쓰는 법』을 출간 한 뒤 한 강연에서 독서와 글쓰기(책 쓰기)가 이 시대에 최고의 방법으로 사는 길이라고 했다. 목회자도 지식 비즈니스가 되어야 한다. 목회자는 지식을 통하여 인디펜던트 워커로 살아갈 수 있는 능력이 있기 때문이다. 목회자는 하나님의 말씀 즉 지혜의 통로를 맡은 자다. 결국 가장 잘 할 수 있는 것이 지식과 관련된 것이다. 그러므로 코로나19 시대에 인디펜던트 워커의 최고의 방법인 지식을 통해 살 길을 모색하고도 남음이 있다.

글쓰기가 목회자에게는 '뉴 노멀'이다

목회자가 인디펜던트 워커로 살아가려면 두 가지를 해야 한다. 하나는 독서다. 또 다른 하나는 글쓰기다. 코로나19로 뉴 노멀의 시대가 되었다.

뉴 노멀이란 '시대 상황에 따라 새롭게 편성되는 질서나 표준'을 뜻하는 경제 용어다. 그렇다면 목회자도 시대 상황에 따라 새롭게 편성되는 질서나 표준에 따라 살아야 한다.

경희대학교 비교문화연구소 학술연구교수인 김재인은 『뉴 노멀의 철학』에서 뉴 노멀의 철학이 요청되는 새로운 조건으로 세 가지를 꼽는다. 첫째는 인공지능, 둘째는 기후변화, 셋째는 감염병 대유행이다. 지금의 코로나19가 뉴 노멀을 명확히 인식하고 받아들일 수밖에 없게 만든 결정타였다고 그는 말한다. 목회자는 코로나19로 인해 뉴 노멀을 세워야 하는 데, 가장 핵심이 글쓰기다. 글을 써야 책을 통해 지식 근로자로 살아갈 수 있기 때문이다. 김재인 교수는 글과 창작 콘텐츠를 채우는 블로그 글쓰기의 중요성을 이야기한다. 그 이유는 글쓰기는 표현의 방법 중 최고이기 때문이다.

소설가 베르나르 베르베르(Bernard Werber)는 『뇌』에서 이런 말을 한다.

"사람들은 끊임없이 무언가를 생각하지만, 그 생각 중에서 표현되는 것은 너무나 적다. 그 과정에서 많은 정보가 실종된다. 우리는 사람들의 생각 중에서 그들이 표현하는 것만을 알 뿐이다."

사람의 생각 중에서 표현되는 것이 너무나 적다. 그리고 그 표현이 중요하다. 자기의 생각을 표현하려면 글을 쓸 줄 알아야 한다. 사람은 지면을 통해, SNS를 통해 마음껏 표현할 수 있다. 지금은 말의 시대, 글의 시대, 즉 표현의 시대다. 표현의 시대에 글쓰기는 선택이 아니라 필수다. 목회자에게는 더더욱 필수다. 그 이유는 목회자에게 글쓰기는 인디펜던트 워커로 살 수 있는 기회를 제공해주기 때문이다.

이왕에 글을 쓰는 것 잘 써야 한다. 아트설교연구원 모임에서 여러 명의 작가들이 쓴 책을 읽고 토론을 했다. 토론한 뒤 두 가지를 배울 수 있었다. 하나는 실력이 있어야 한다. 실력이 있어야 좋은 내용으로 채울 수 있기 때문이다. 또 다른 하나는 글을 잘 써야 한다. 글이 좋아야 가독성이 좋기 때문이다.

최근에 무라카미 하루키의 『일인칭 단수』를 읽는 데 가독성이 남달랐다. 그리고 우리나라 작가의 소설을 읽는데 가독성이 좋지 않아 책을 읽는 데 어려움을 느꼈다. 어떤 목회자는 신학적인 책을 읽을 때마다 가독성이 좋지 않아 책이 손에 쉽게 잡혀지지 않는다고 한다. 텍스트의 내용만큼 중요한 것이 글의 가독성이다. 텍스트의 가독성을 평가하는 '플레시-킨 케이트 평가법'이 있다. 1975년 킨 케이트가 개발하여 이후 미국 방부에도 채택된 평가법이다.

여기서는 단어와 문장의 길이, 사용한 어휘의 난이도를 평가해 텍스트의 등급을 나누는데, 이 등급은 곧 '해당 텍스트를 이해하기 위해서는 몇 년의 학습이 필요한가?'를 의미한다. 이 평가법에 따르면 뉴욕타임스 기사는 9년, 일반 대중을 대상으로 하는 강연의 경우 8년, 테드 강연의 경우는 6년 정도 수준의 어휘를 사용한다고 한다.

우리가 알고 있듯이 세계 최고의 스피커 중 한 명이었던 스티브 잡스가 한 프레젠테이션은 초등학생도 알아들을 수 있도록 쉬웠기에 많은 사람들이 열광했다고 한다. 목회자가 글쓰기를 해야 하는 이유는 커뮤니케이션이 중요한 시대에 소통이 탁월한 전달자가 되기 위함이다.

뛰어난 설교자는 설교가 쉽다. 그 이유는 그들은 어려운 개념을 쉽게 설명하기 때문이다. 설교는 분명히 쉬워야 한다. 최소한 성경보다는 쉬워야 한다. 그러나 현실은 많은 설교가 어렵다. 최소한 성경보다 어렵다. 목회자가 글쓰기를 해야 하는 이유는, 글쓰기가 뉴 노멀 시대에 기독성 있는 설교 콘텐츠를 만들어야 하기 때문이다.

'코로나19' 전보다 1.5배의 열정을 품었는가?

코로나19 이전보다 1.5배의 열정을 가져야 한다

코로나19로 혁명적인 변화가 일어난 지금, 목회자가 목회와 세상의 삶에서 뉴 노멀을 만들어 살아가려면 전보다 열정이 적어도 1.5배는 불타올라야 한다. 공부도 전보다 1.5배 이상 해야 한다. 기도도 전보다 1.5배 이상 해야 한다. 성경도 1.5배 이상 읽어야 한다. 1.5배 이상 해야 하는 것은 1.5배 이상 할 때 코로나19 이전과 비슷한 상황을 만들 수 있기 때문이다. 이순신 장군이 영화 「명량」에서 했던 말과 같은 자세로 살아가야 한다.

> "생즉필사 사즉필생(生卽必死 死卽必生) - 살고자 하면 죽을 것이요 죽고자 하면 살 것이다."

이순신 장군이 이 말 뒤에 덧붙인 말이 있다.

"아직도 살려는 자가 있으니 통탄을 금할 수가 없다."

임진왜란에서 조국을 위해 죽을 각오로 싸운 병사들처럼 코로나19로 인해 한 번도 겪어보지 못한 세상 가운데서 우리는 죽을 각오로 사역해야 한다. 지금은 목회 여건이 최악이다. 교인들의 신앙생활 여건도 전보다 훨씬 안 좋다. 이런 상황을 좀 더 나아지게 만들려면 이순신 장군과 같이 막다른 전쟁을 앞둔 장수의 심정으로 죽고자 하는 십자가 정신으로 살아가야 한다. 사즉필생의 심정을 가져야 이전과는 확 다른 삶을 살아갈 수 있다.

열정을 자신의 업그레이드에 사용하라

열정을 높여야 하는 이유가 있다. 자신을 업그레이드해야 하기 때문이다. 목회자들이 코로나19로 인해 사용할 수 있는 시간이 많아졌다. 하나님께서 코로나19로 시간을 많이 주신 이유가 분명하다. 자신을 업그레이드하는 시간으로 만들라는 것이다. 현실은 자료 업데이트에 열정적인 것 같다. 나는 시간이 많은 목회자들이나, 막 교회를 개척했거나, 교회를 개척할 생각이 있는 목회자에게 이런 말을 한다.

"하나님께서 공부할 수 있는 시간을 주신 것입니다."

시간이 많은 것은 여유롭게 살라고 주신 것이 아니다. 하나님을 위해 더 많이 사역할 수 있도록 자신을 업그레이드할 시간으로 삼으라는 사인이다. 코로나19 이전에는 목회가 바빠서 자신을 업그레이드할 시간이 부족했다. 하지만 코로나19이후에는 목회자의 설교가 확 줄고, 목회의 양이 줄어들어 업그레이드할 충분한 시간을 확보할 수 있다.

코로나19 이전에는 각종 설교, 심방, 구역장 공부, 제자훈련, 중보기도 사역, 전도대 운영 등 이루 헤아릴 수 없는 사역이 기다리고 있었다. 지금은 이전보다 절반 이상 사역이 줄었다. 그러므로 자신을 업그레이드할 기회를 만드어야 한다. 그동안 못다 한 기도, 성경 묵상, 독서, 글쓰기에 1.5배의 열정을 불태워야 한다. 독서를 예로 든다면, 이전에 한 주간에 책 한 권을 읽었다면 지금은 한 주간에 책 두 권 읽을 수 있어야 한다.

약점을 보완하는 시간으로 만들어라

베들레헴 침례교회 담임인 존 파이퍼(John Piper) 목사는 『코로나 바이러스와 그리스도』에서 '하나님은 코로나 바이러스를 통해 무엇을 하고 계시는가?'라는 질문을 던지고 여섯 가지를 제시한다. 나는 모두 동의할 수는 없지만 적어도 한 가지는 동의할 수 있다. 그것이 네 번째다.

"그리스도의 무한한 가치에 비추어 삶을 재정렬하라는 신호다."

나는 이 말에 전적으로 동의한다. 코로나19를 통해 자신의 약점을 보완할 수 있는 절호의 기회이기 때문이다. 코로나19가 끝나도 컨택트와 언택트가 공존하며 살아갈 것이다. 그때를 대비해 먼저 할 것은 자신의 약점을 보완하는 것이다. 대부분 강점을 살리라고 한다. 그러나 약점 보완도 중요하다. 약점 때문에 사역에 지장 받는 것을 많이 봐 왔기 때문이다. 주어진 시간에 자기 열정의 1.5배를 쏟아 약점을 보완해야 한다. 약점을 보완하려면 먼저 할 것이 회개다. 나태한 삶과 영적으로 게으른 삶과 자기를 정확히 파악하지 못한 것에 대한 회개다.

우리의 열정을 하나님 나라를 위해 불태워라

1.5배의 열정을 어디에 불태울 것인가? 불태울 곳은 하나님 나라다. 바울은 마게도냐 환상을 보고 유럽으로 가서 하나님 나라 확장에 열정을 불태웠다. 마찬가지로 우리도 하나님의 말씀에 순종함으로 하나님 나라 확장에 열정을 불태워야 한다. 하지만 현실적으로 안타까운 면이 많다. 목회자들이 하나님 나라보다는 진보와 보수라는 이념에 열정을 불태운다고 느껴지기 때문이다. 어떤 노선의 옳고 그름도 중요하다. 하지만 바울이 하나님의 환상을 보고 포기할 것을 포기한 것처럼 우리도 하나님 나라 외에 다른 것은 과감하게 포기하는 열정이 있어야 한다.

언택트 시대에는 혼자 힘으로 어떤 문제를 극복하는 것이 더 어려워졌다. 그렇다면 이념을 넘어서 함께 하나님 나라 확장에 열정을 불태워야 한다. 그 이유는 우리가 예수님을 믿는 사람들이기 때문이다. 또한 목회자는 하나님 나라를 품은 사람들이기 때문이다. 예전에 한경직 목사의 유명한 일화 중 하나가 목회자들에게 "예수를 잘 믿어라"라고 말한 것이다. 목회자는 예수를 잘 믿어야 하는 사람들이다. 목회자는 자기가

지지하는 노선을 잘 따르는 사람이 아니라 예수님을 위해 하나님 나라의 사역에 앞장선 사람들이기 때문이다. 그러므로 우리는 하나님 나라 확장에 열정을 불태워야 한다. 1.5배가 부족하면 2배라도 불태워야 한다.

세 가지 준비에 미쳐라

한국 최고의 강사 중 한 명인 김미경은 『김미경의 리부트』에서 "인생을 바꾸는 4가지 리부트 공식"을 이야기한다. 그 첫 번째 리부트 공식은 'On-tact'이다. 코로나19로 인해 '컨택트(contact)'에서 '언택트(Untact)'로 넘어왔다. '언택트' 시대에는 '온택트'로 세상과 연결해야 한다는 것이다. 우리도 언택트 시대에 온택트로 교회의 밝은 미래를 만들어가야 한다. 이때 목회자가 준비할 것은 세 가지다.

먼저, 온라인에 대한 준비를 해야 한다. 앞으로는 오프라인과 온라인을 병행해야 한다. 미디어를 활용할 수 있는 온라인 준비를 해야 한다. 오프라인보다 온라인이 더 활발해질 것이기 때문이다. 그럼 온라인을 위해 어떤 준비를 해야 하는가? 그 준비는 두 가지다. 첫째, 장비를 갖춰야 한다. 둘째, 콘텐츠를 갖춰야 한다. 콘텐츠가 있어야 유튜브에 동영상을 올릴 수 있다. 만약 저작권법에 위배되면 올리지 못한다. 그러므로 저작권에 위배되지 않는 자기만의 콘텐츠를 갖춰야 한다.

다음으로는 설교에 대한 준비다. 담임으로 청빙을 받든, 교회를 개척하든 준비할 것은 목회 프로그램이 아니라 설교다. 세상은 온택트 문화에 맞게 세팅되어 있다. 목회자도 온택트 문화에 맞게 세팅해야 한다. 온택트 문화에 맞게 세팅할 때 가장 잘 갖출 것이 남다른 콘텐츠의 잣대가 되는 설교다.

나는 설교 대학원을 하려는 꿈을 품고 있다. 코로나19 이전에는 오프라인으로 해야 하는 줄 알고 건물을 위해 기도했다. 하지만 언택트 시대에 온택트 문화가 되니 건물 기도가 바보스러움을 깨달았다. 지금은 오로지 콘텐츠 만들기에 올인 하고 있다. 설교자는 시대에 맞는 설교를 해야 한다. 팩트가 아니라 의미 있는 메시지를 전달하는 설교를 해야 한다. 그러려면 신학과 인문학에 남다른 지적 능력을 갖춰야 한다. 실용 학문에 대한 남다른 준비도 해야 한다. 설교는 학문이 아니라 하나님의 마음과 교인의 마음의 연결이고, 설교자의 삶과 교인의 삶과의 만남이기 때문이다.

경희대학교 비교문화연구소 학술연구교수인 김재인은 『뉴 노멀의 철학』에서 인문, 과학, 예술이 포함된 '뉴 리버럴 아츠'가 새로운 시대의 조건이라며 전통적 인문학을 확장하라고 말한다. 나는 목회자에게 신학에 인문학을 보태라고 한다. 나도 느끼지만 세상은 더 큰 융합된 세계로 나아가고 있다. 그렇다면 김재인 교수가 한 말처럼 인문×과학×예술이 합쳐진 뉴 리버럴 아츠로까지 나아가야 한다.

마지막으로, 작가로서의 준비다.

기독교 작가로서만이 아니라 일반 작가로서의 준비다. 그러려면 다른 분야의 책을 탐독해야 한다. 그럼 효율적인 복음 사역을 할 수 있게 된다.

세상에서도 인정받는 리더의 자격을 갖췄는가?

언제나 리더가 중요했다

나라나 조직이나 리더가 중요하다. 교회의 리더는 더욱더 중요하다. 리더에 따라 나라나 조직 그리고 교회가 결정되기 때문이다. 어떤 교회는 리더 때문에 엄청난 영적 부흥을 일궈냈다. 어떤 교회는 리더 때문에 교회가 점점 더 침체에 빠지고 있다. 이와 같이 리더에 따라 공동체의 운명이 결정된다. 사회도 마찬가지다. 작금에 우리 사회에서 인정받는 리더가 꽤 있다. 그중에 한 명이 경기남부 권역 외상센터장인 이국종 의사다. 그는 정의로운 삶의 철학으로 의사가 걸어가야 할 길을 정확하게 보여주었다. 그를 인정받게 한 말이 있다.

> "환자는 돈 낸 만큼 치료받아서는 안 된다. 아픈 만큼 치료받아야 한다."

이런 말을 아무나 할 수 없다. 돈을 포기하지 않고는 할 수 없는 말이다. 아무나 할 수 없는 말을 하니 사회가 인정하지 않을 수 없다. 아픈 만큼 치료받아야 한다는 그의 철학이 생사의 기로에 놓인 중증 환자들에게 희망을 주고 있다. 그는 아덴만 여명 작전의 석해균 선장과 2017년 판문점 귀순한 북한군 병사 오청성을 치료한 것으로도 유명하다.

코로나19는 위기의 때다. 이 위기 때는 리더가 더욱더 중요하다. 우리는 21세기에 가장 아름다운 말이라는 한글을 사용하고 있다. 이 한글을 만든 왕은 우리나라를 가장 찬란하게 빛낸 세종대왕이다. 우리는 지금 세종대왕 때문에 한국인의 자부심을 갖고 살고 있다. 이런 남다른 리더가 교회에 많이 나와야 한다. 교인들이 자랑스러워할 목회자, 존경받는 목회자가 많이 나와야 한다. 리더에 따라 교회 공동체의 운명이 결정되기 때문이다.

코로나19 때, 사회가 인정해 주는 리더 때문에 행복했다

우리나라는 코로나19로 인해 'K-방역'이라는 타이틀을 거머쥐었다. 'K-방역' 타이틀을 거머쥐게 한 일등공신은 정은경 질병관리청장이다. 한림대학교 의과대학 부교수이자 강남성심병원 감염관리실장인 이재갑 교수는 강양구 기자와 공저한 『우리는 바이러스와 살아간다』에서 정은경 질병관리청장을 이렇게 말한다.

　　"저는 한국이 복을 받았다고 생각을 해요. 이 상황에서 정은경 청장이 질병관리청장이라는 게 말입니다."

"코로나19 유행 국면에서 가장 믿는 것이 어디냐고 물었을 때, 전 국민의 80%가 질병관리청을 뽑았다고 합니다. 정은경 청장도 국민의 사랑을 절대적으로 받고 있고요."

코로나19 상황에서 우리나라 사람들은 질병관리청을 청와대보다 더 신뢰하고 있다고 한다. 이는 정은경 청장이 성실하고 유능하며 커뮤니케이션 능력이 뛰어나다는 것을 우리나라 사람들이 인정하기 때문이다. 사람들은 우리나라 K-방역의 성공이 그녀 때문에 가능했다고 말한다. 지금 국민들은 그녀를 나라의 안전을 지키기 위해 힘쓰고 있는 '국민 영웅'으로 평가하고 있다.

두 저자는 대담 가운데서 정은경 질병관리청장이 진정한 리더인 것은 잘못한 것을 시인할 줄 알기 때문이라고 말한다.

이재갑_ "관료 입장에서 가끔 잘못한 게 있으면, 아무래도 두루뭉술한 태도를 취하고 싶을 때가 있잖아요. 그런데 정은경 청장은 그렇지 않으세요. 특히 지난번에 3번 환자 역학조사가 잘못돼서 여섯 시간 앞당겼을 때도 그랬고요."

강양구_ "명백히 질병관리청이 잘못한 거라고 사과했잖아요."

이재갑은 그녀가 잘못을 시인할 줄 알기 때문에 신뢰할 수 있는 공무원이라고 말한다. 코로나19는 우리나라를 한 단계 업그레이드 해놓았다. 그 결과 국민들이 그녀를 믿고 코로나19 방역에 행복하게 협조하고 있다.

세상이 인정하는 목회자인가?

우리나라는 정은경 청장 때문에 방역의 모범국가가 되었다. 그렇다면 교회는 위기 때에 누구나 인정하는 리더가 있는가? 이에 대해 답한다는 것은 쉽지 않다. 교회의 리더인 목회자는 위기의 때에 교인들에게 적어도 희망을 주어야 한다. 만약 자랑스러움까지 줄 수 있으면 금상첨화다. 교회는 희망을 주는 리더, 자랑스러워할 만한 리더가 있어야 하는 데 사람들은 그런 리더가 없다고 말한다.

얼마 전에는 옥한흠 목사라는 리더가 있었다. 나 또한 옥한흠 목사를 존경한다. 나 뿐 아니라 주위의 많은 목회자들도 그를 흠모한다. 내가 그를 존경하게 된 결정적인 사건이 있다. 나는 2007년 상암동 월드컵 축구경기장에서 개최된 평양대부흥 100주년 대회에 참석했었다. 그 100주년 대회의 설교를 옥한흠 목사가 했다. 그 설교의 핵심은 축하가 아니라 탄식에서 나온, 우리 안에 있는 것들을 다 쓸어내는 '회개'의 촉구였다. 나는 한국 교회에 누구나 인정하는 리더의 출현을 손꼽아 기다린다. 이제 우리가 그런 리더가 되기 위해 몸부림쳐야 한다.

옥한흠 목사는 세상에서도 인정 받는 목회자였다. 이제는 당신 차례여야 한다. 그때 하나님이 교회를 통해 놀라운 일을 시작할 수 있다.

'…다운' 리더가 되어야 한다

최윤식은『대담한 도전』에서 교회가 멀리 보고 비전을 세워야 한다고 말한다.

> "교회의 비전을 디자인하라고 한다. 5년, 10년, 15년 단위로 비전을 세우라."

비전이 세워지면 사람들이 뒤따른다. 요즘은 교인들이 목회자가 비전을 세운다고 뒤따르는 것은 아니다. 그 이유는 적어도 목회자가 '목회자답다'라는 말을 듣지 못하기 때문이다. 목회자는 목회 비전을 세워야 한다. 목회 비전을 세우기 전에 사람들이 뒤따를 수 있는 목회자다운 목회자가 먼저 되어야 한다.

나는 최근에 어떤 사람으로부터 '직장인 성경공부를 인도해 주면 좋겠다'는 말과 함께 자신의 직장을 소개해 주겠다는 말을 들었다. 나는 직장인 대상 성경공부를 인도하겠다는 생각을 한 적이 없다. 그저 목회자다운 사람이 되려고 몸부림 쳤을 뿐인데 그런 요청을 받은 것이다. 사람들은 어떤 사람의 말에 쉽게 따르지 않는다. 그의 '다움'이 증명될 때 비로소 따른다. 그러므로 존경받고자 하기보다 '…다운 리더'가 되고자 해야 한다. '…다운 리더'가 되려면 겸손하게 자기의 부족을 보완해야 한다. 하나님은 우리의 거창한 모습을 원하지 않으신다. 위대한 일을 할 수 있는 사람이 되길 원하지 않으신다. 그저 자기에게 주어진 사역을 겸

손함으로 충성스럽게 감당하기를 원하신다. 하나님이 원하시는 사람이 되려면 한 가지만 마음속에 품으면 된다. '…다운 리더'가 되고자 하는 마음이다. 그러면 하나님께서 …'다운' 사람이 되도록 이끄신다. 그러면 우리는 저절로 이런 고백을 하게 된다.

"그리고 맡은 자들에게 구할 것은 충성이니라(고전 4:2)."

좋은 목회자! 혹은 실력 있는 목회자!

사람 좋은 목회자 되기를 꿈꾸는가? 실력 있는 목회자를 꿈꾸는가? 나는 사람 좋은 목회자 되기를 꿈꾸었다. 인격이 중요하다는 말을 귀에 딱지가 박히도록 들었기 때문이다. 친구들 중에 어떤 사람은 자기는 인격적인 목회자라고 자랑한다. 그러나 목회자에게 인격적인 것은 기본이지 자랑거리가 아니다.

목회자는 먼저 실력자가 되어야 한다. 설교를 잘하는 실력자, 성경을 잘 가르치는 실력자, 기도 많이 하는 실력자, 행정의 달인인 실력자, 대인 관계를 잘하는 실력자여야 한다. 가정도 잘 이끌어가지 못하면 안 된다. 어떤 목사는 사모만 열심히 가정 경제를 책임지게 한다. 목사와 결혼했다는 이유로 마트 캐셔로, 학습지 교사로, 어린이집 교사로, 요양보호사로, 식당의 종업원 등으로 일한다. 이는 목회자의 무능 때문이다.

리더란 남다른 사람이다. 가장 먼저 남다른 것이 목회자의 실력이다. 이런 질문을 해 보고 싶다. 당신은 내가 알고 있다는 느낌이 있지만 남들에게 설명하지 못하는 지식의 소유자인가? 아니면 내가 알고 있으면서 남들에게 설명도 할 수 있는 지식의 소유자인가? 내가 알고 있으면서 남들에게 설명도 할 수 있는 지식이 나의 지식이다. 알고 있는 것을 설명할 수 있는 실력자여야 한다.

0.1%의 리더로 갖춰져라

세상에는 두 종류의 지식이 있다. 자기 지식이 있는 사람과 남의 지식이 있는 사람이다. 하버드대학교 교육대학원 교수인 조세핀 김과 아주대학교 심리학과 교수인 김경일의 『0.1%의 비밀-부모만이 줄 수 있는 두 가지 선물, 자존감과 창의성』은 EBS 다큐멘터리를 책으로 엮은 것이다.

제작진은 「학교란 무엇인가-상위 0.1%이 비밀」의 편을 촬영하면서 한 실험을 했다. 5만 7천 명의 고등학교 1학년 중 전국 모의고사 석차 0.1%에 속하는 아이들 800명과 그렇지 않은 700명을 비교하여 아이큐, 성격, 부모 학력, 소득을 조사했더니 아무런 차이가 없었다. 두 부류의 차이는 내 지식이 있는가의 여부였다. 0.1%의 학생들은 자신이 알고 있는 지식을 설명할 수 있는 학생들이었다.

또 한 가지 실험은 상위 0.1%에 속하는 학생들과 그렇지 않은 학생들을 모아놓고 25개의 단어를 연이어 보여준 것이다. 아무런 연관성이 없는 단어들이 각각 3초씩 화면에 떴다가 사라졌다. 단어를 전부 보여주고 난 뒤 아이들에게 '본인이 기억하고 있다고 생각하는 단어 개수를 적으라고 했다. 최상위권 학생들은 한 명을 제외하고는 자기가 몇 개의 단어를 기억할 수 있는지 정확히 예상했다. 다른 학생들은 그렇지 않았다. 10개 이상 기억할 거라고 예상했지만 8개만 기억했다.

위의 두 가지 실험을 통해서 알 수 있는 것은 자신이 아는 것을 안다고 하는 것, 모르는 것을 모른다고 파악하는 능력인 메타인지가 중요하다는 사실이다. 지금은 언택트 시대다. 그 말은 이전보다 치열한 목회 현장이 기다리고 있다는 말이다. 이럴 때 목회자는 남다른 실력자로 준비되어 나와야 한다. 목회자에게 기본은 자기 것이 있는 목회자가 되는 것이다. 자신이 아는 것을 안다고 정확히 파악할 수 있어야 한다. 두루뭉술하게 아는 것은 결코 아는 것이라고 할 수 없다. 확실히 알고 있어야 한다. 더 나아가 자기 분야에서만큼은 차별화된 실력을 갖춰야 한다. 교회의 리더인 목회자는 0.1%에 속하지는 못할 수 있어도 1%에 속할 수 있는 노력은 기울여야 한다. 그럴 때 세상에서 리더로 인정받게 된다.

시각이 전방위적으로 넓혀져 있는가?

기존의 틀을 과감하게 깰 수 있어야 한다

유튜브가 대세다. 이런 상황에서 목회가 자신 교회에 국한돼서는 안 된다. 교회 안의 목회자로 만족해서는 안 된다. 교회 밖까지 목회를 하겠다고 해야 한다. 예전에는 목회자가 교인 관리만 잘하면 되었다. 이젠 교회 밖의 사람들까지 관리해야 한다. 그러려면 전방위적 시각을 가져야 한다.

전에는 목회자가 교회 내의 소통만을 중시했다. 이젠 교회 밖의 사람들과의 소통도 중시해야 한다. 지금은 온라인 시대이기 때문이다. 온라인 시대는 예배당 안에 있는 사람들만을 대상으로 하는 목회가 아니라 예배당 밖에 있는 사람들, 곧 전 세계를 대상으로 하는 목회를 해야 한다. 그러므로 목회자가 시야를 넓혀야 한다.

시야를 넓히려면 기존의 틀을 깨뜨릴 수 있어야 한다. 목회자 자신이 해 오던 설교의 틀을 깨기는 쉽지 않다. 목회가 교회 안이라는 틀을 깨는 것 역시 쉽지 않다. 기존의 틀은 등록한 교인만 교인이라는 생각이었다. 온라인 교인은 교인이 아니었다. 이젠 온라인 교인도 교인이다. 그러므로 교인에 대한 기존의 틀도 깨야 한다.

언택트 시대에는 앞으로 다가올 미래에 맞는 목회 패러다임으로 무장되어 있어야 한다. 목회자가 가르치는 분야가 성경에 국한돼서는 안 된다. 이젠 일반 책 독서 모임도 인도해야 한다. 설교만 잘하는 데서 그치면 안 된다. 세상 전문가들처럼 교양도 가르칠 수 있어야 한다. '일타 강사!'라는 말이 있다. 일타 강사와 같은 수준의 실력을 갖춰야 한다. 교양도 세상 전문가처럼 가르칠 수 있어야 한다.

교회가 '등록 교인 수'에서 '설교 조회 수'로 바뀌었다

'코로나19' 이후 교회가 바뀌었다. 그 중 하나는 교회에 '등록된 교인 수'가 아니라 '설교 조회 수'로 바뀐 것이다. 또 다른 하나는 건물이라는 공간 중심이 아니라 연결이라는 소통 중심으로 바뀐 것이다. 전에 교회는 등록 교인 수, 출석 교인 수가 하나의 지표였다. 이젠 담임 목사 설교의 유튜브 조회 수가 하나의 지표가 되었다. 교인들이 설교 동영상을 들으려고 유튜브와 연결되는 순간 숫자가 올라간다. 그 숫자의 크기가 사람들의 관심도를 반영한다. 즉 유튜브 조회 수에 의해 어떤 교회인지가 결정된다.

유튜브에서 우리나라에서 대형 교회의 주일 설교 조회 수를 조사한 결과는 이렇다. 이 조사는 2021년 1월 31일(주일)에 설교한 것을 2월 6일(토) 오후 5시 전후에 했다. 분당우리교회 이찬수 목사 9.1만회, 선한목자교회 유기성 목사 6.2만회, 제자광성교회 박한수 목사 6만회, 새에덴교회 소강석 목사 1.7만회, 부산수영로교회 이규현 목사 1.3만회, 여의도순복음교회 이영훈 목사 8천 회, 온누리교회 이재훈 목사 8천회, 청파교회 김기석 목사 4.4천회, 소망교회 김경진 목사 4.3천회, 주인장로교회 주승종 목사 3.8천회, 사랑의교회 오정현 목사 1.8천회(3일 전 올렸기에 곱하기 2를 하면 3.6천회로 추정할 수 있다), 명성교회 김하나 목사 1.7천회 등이다.

전에는 교인 숫자가 주일 출석 통계였다. 이제는 교인 출석수가 아니라 유튜브 구독자 수와 설교 조회 수가 주일 출석 통계다. 안타까운 말이 들린다. 조회 수에 허수도 존재하고 있다는 뜬소문(?)이다. 일정액을 입금하면 허수의 조회 수가 표기된다고 한다. 이 말이 진짜 뜬소문이기를 바랄 뿐이`다.

1인 가구에 집중하라

2019년, KOSIS(통계청, 인구총조사)에 따르면 1인 가구 수가 614만 7,516이다. 전체 인구 중 1인 가구 비율이 30.2%에 달한다. 교회는 1인 가구로 사는 사람들에게 더욱 집중해야 한다. 2020년 9월 10일 자 국민일보 '이슈&탐사'에서 "여성 덮친 '코로나 우울' 2030 극단 선택 늘었다"라는 기사가 있었다. 이 기사의 내용 중 이런 내용이 있다.

"카드 연체율, 현금서비스 사용률, 주거지원 요청 비율, 실업률, 자살동향 데이터 등 모두가 20대를 중심으로 급증하는 양상이 나타나고 있다. 카드 연체자들 특성을 봐도 20대, 비정규직, 1인 가구

등의 특징이 있다. 코로나19로 타격받은 20대가 절망적인 상황에 빠져 자살 상황에 내몰린 것으로 분석된다."

20대와 30대 여성이 절망적인 상황에 빠져 자살 상황에 내몰리는데 그녀들의 특징 중 하나가 1인 가구라는 것이다. 장숙랑 중앙대 간호학과 교수도 이렇게 말했다.

"청년 여성의 자살률은 최근 계속해서 늘고 있다"라며 "특히 여성은 대면 서비스 종사자가 많고 1인 가구의 주거 불안정 문제도 연결돼 있어 이번 코로나19에서 취약함이 더 크게 드러난 것이다."

불행이 지속되는 상황에서 교회는 1인 가구에 좀 더 집중해야 한다. 세상은 1인 가구에 집중한다. 최근에 나에게 나라에서 한 통의 전화가 걸려 왔다. "1인 가구인데 생활 형편은 어떠냐? 지금 수입의 상태는 어떤가?, 마음 편하게 먹고살고 있는가?" 등등을 물어 왔다. 내게 전화한 이유는 한 가지였다. 내가 1인 가구로 등록되어 있기 때문이다. 우리 가족은 여러 형편상 각각 1인 가구로 살아간다. 국가는 1인 가구에 대한 대책을 세우고 있다. 교회도 1인 가구에 대한 대책을 세워야 한다. 관심과 배려가 필요한 돌봄의 대상이기 때문이다.

1인 가구로 사는 사람들은 따뜻한 정이 더욱 그리운 사람들이다. 그러므로 1인 가구로 사는 사람들에게 예수님의 사랑을 어떻게 전할 것인가를 찾아야 한다. 이는 늘 소외된 곳에 관심을 가지셨던 예수님의 마음을 갖는 일이기 때문이다.

사역의 영역을 전 세계로 넓혀라

언택트 시대는 사역 영역이 한반도 영토에 국한되면 안 된다. 전 세계까지 영역이 확장해야 한다. 코로나19가 영역의 벽을 허물었기 때문이다. 그렇다면 목회자는 사역 영역이 전 세계여야 한다. 목회 영역에 공간의 벽을 허물어야 한다. 마음도 열린 마음이어야 한다. 보이는 곳은 물론 보이지 않는 곳까지 사역 영역으로 삼아야 한다. 대부분 목회는 교회 중심이다. 이젠 목회자가 있는 곳을 사역 중심으로 삼아야 한다. 디지털 평론가이자 칼럼니스트인 은서기의 『이제 개인의 시대다』에 이런 글이 있다.

"정상이 어디냐?
당신이 서 있는 곳이 정상이다.
이제
내가 서 있는 곳이 사무실이고
내가 서 있는 곳이 진료실이고
내가 서 있는 곳이 강의실이고
내가 서 있는 곳이 민원실이 되는 시대다."

언택트 시대는 목회자가 서 있는 곳을 사역지로 삼아야 한다.

Chapter 3

언택트와
교인

UNTACT and the Church

언택트와 교회

언택트 시대의 교인

언택트 시대에 맞게 준비되어져 있는가?

이번 주일은 교회에 가서 예배를 드려야 하는가? 집에서 예배를 드려야 하는가? 교인들은 코로나19가 온라인 예배까지 불러올 줄 대부분 꿈에도 몰랐다. 그러니 신앙생활을 어떻게 해야 할지 막막하다.

코로나19 전까지는 담임 목사의 얼굴을 직접 보면서 설교를 들어 왔다. 예배가 끝난 뒤 교인들과 영적인 교제를 나누는 즐거움이 컸다. 사회의 동료들과 영적인 교감이 이루어지 않기에 주일에서 만날 교인에 대한 기다림으로 한 주간 살기도 했다. 교회를 중심으로 한 신앙생활의 좋은 추억이 많았었다. 그러나 이제는 교회에서 아무 것도 할 수가 없다. 그렇다고 교회를 등질 수도 없다.

얼마 전 한 부목사와 대화를 나누기 위해 그가 사역하는 교회를 방문했다. 대화 도중 나이 든 교인 한 명이 부목사에게 주일 헌금을 대신 내

어달라고 손에 쥐어주고 갔다. 교회와 평생을 살아온 어르신들은 예배당에 들어가지 못하자 교회 앞에서 눈물까지 흘린다. 언택트 시대에는 교회를 내 안방처럼 드나들던 호시절이 이젠 끝난 듯하다. 교인들의 자유로운 만남도 쉽지 않다. 교회 공동체에서 늘 함께하던 신앙생활을 혼자서 해야 한다. 혼자 온라인으로 예배를 드리고, 혼자 성경 읽고, 혼자 집에서 기도해야 한다.

교인은 코로나19 상황에서 개인적으로 하나님을 만나는 자신만의 노하우를 터득해야 한다. 하나님께 나아가는 통로가 장소의 문제가 아니라 마음의 문제로 인식해야 한다. 큐티나 개인기도 등으로 하나님의 은혜를 받아야 한다. 오프라인이 안 되면 온라인으로 교인들 간의 영적 교제를 나누어야 한다. 그리고 하나님을 향하는 절절함이 넘쳐야 한다. 기회가 주어지면 이 기회가 마지막이라는 심정으로 하나님을 만나야 한다.

하나님 앞에 단독자로 살아가라

코로나19로 삶의 균형이 무너졌다. 더 많이 무너진 것은 신앙생활이다. 이럴수록 하나님과의 관계와 사람과의 관계 설정을 더욱더 슬기롭게 설정해야 한다. 그리고 단독자로서 하나님 앞에 서는 훈련을 해야 한다. 신앙생활에서 하나님과의 관계 그리고 사람과의 관계가 균형을 이루어야 한다. 특히 하나님과의 관계 설정을 확실하게 해야 한다. 바울은 데살로니가전서 2장 4절에서 이렇게 말한다.

"오직 하나님께 옳게 여기심을 입어 복음을 위탁받았으니 우리가 이와 같이 말함은 사람을 기쁘게 하려 함이 아니요 오직 우리 마음을 감찰하시는 하나님을 기쁘시게 하려 함이라."

우리는 하나님 앞에 단독자로 바로 서 있어도 하나님께로부터 옳다고 여김을 받아야 한다. 내가 대학 다니던 당시 뜨거운 주목을 받은 철학자가 있었다. 프랑스의 사상가이자 작가인 장 폴 샤르트르(Jean Paul Sartre)이다. 그의 철학은 내게 큰 영향을 미쳤다. 영향을 미친 것은 다름 아닌 '존재 문제'와 '실존'에 대한 것이었다. '존재하는 자로 살 것이냐? 실존하는 자로 살 것이냐?' 하는 고민 끝에 나는 '존재' 하는 자가 아니라 '실존'하는 자로 살겠다고 다짐했다. 그것도 하나님 앞에서 실존하는 자로 살고자 다짐했다. 여기서 말하는 '존재'가 세상에 살고 있는 것이라면 '실존'은 살고 있음에 '의미'를 두는 것이다.

실존주의(實存主義)에서는 인간을 자신의 의지와 상관없이 '세상에 던져진 존재(피투적 존재)'로 본다. 따라서 인간은 삶의 의미와 목적을 스스로 찾아야 하는 이른바, '스스로 세상에 던지는 존재(기투적 존재)'로서의 의미를 만들어 가라고 한다.

언택트 시대에 우리는 하나님 앞에서 그저 존재하는 자가 아니라 실존하는 자로 살아가야 한다. 실존을 통해 삶에 의미와 신앙생활의 영적인 의미를 하나님 안에서 발견해야 한다.

개인의 시대다

"조직의 시대는 가고 개인의 시대가 온다."

디지털 평론가이자 칼럼니스트인 은서기가 『이제 개인의 시대다』에서 한 말이다. 세상은 이미 개인의 시대가 왔다. 그 결과 공동체가 아니라 개인이 강조되고 있다. 거리 두기와 방역 마스크 쓰기는 우리 삶이 철저히 개인적이어야 함을 말해준다. 컨택트 시대에는 어떠했는가? 개인이 아니라 공동체가 강조되었다. 하지만 언택트 시대는 개인의 시대이므로 신앙생활도 혼자서 할 수 있는 법을 터득해야 한다.

개인의 시대가 되니 뜨는 것이 있다. 그중 하나가 개인을 위한 '홈 오피스'다. 홈 오피스라는 대중 문화산업도 온라인으로 빠르게 이동하고 있다. 요즘은 팬 미팅도 온라인으로 할 정도이다. 또한 '홈 에듀케이션 산업'이 부상하고 있다. 학생들이 홈에서 교육을 받을 수밖에 없기 때문이다. 더 나아가 영화도 개인 취향에 따라 달라졌다. 전에는 영화관에서 영화를 관람했다. 이젠 집에서 넷플릭스로 영화를 관람한다.

개인의 시대에 우리가 할 것은 슬기로운 '집콕 생활'이다. '집콕 생활'이 유행하니 집에서 땀을 흘리는 '홈트'까지 유행하고 있다. 개인의 시대에는 생활의 중심이 공동체, 조직이 아니라 개인이 되었다. 개인 생활이 중심이 되니 내가 서 있는 곳이 사무실이다. 내가 서 있는 곳이 진료실이다. 내가 서 있는 곳이 강의실이다. 내가 서 있는 곳이 민원실이다. 그러므로 교회는 개인의 시대에 맞는 신앙생활을 할 수 있도록 콘텐츠를 개발하고 상황을 만들어야 한다.

개인의 시대, 무엇을 준비해야 하는가?

'노출!'

개인의 시대에는 자신을 최대한 '노출'하면서 살아야 한다. 다른 사람에게 나를 많이 노출 시킬 수 있는 방법을 찾아서 노출해야 한다. 그 이유는 노출을 할 때 개인의 존재를 남들이 알 수 있기 때문이다. 개인의 시대에 자기를 노출하는 방법은 많다. 예를 들면, 블로그 하기, 책 쓰기, 유튜브 하기 등이다.

지금 개인의 시대에 뜨고 있는 것이 있다. 인플루언서(influencer)다. 인플루언서란 SNS에서 수만 명에서 수십만 명에 달하는 많은 팔로워(follwer: 구독자)를 통해 대중에게 영향력을 미치는 이들이다. 그렇다면 우리도 인플루언서가 되기 위한 준비를 해야 한다.

인플루언서가 되고자 한다면 명심할 것이 한 가지 있다. 이기적으로 살면 안 된다. 더욱더 소통하려 해야 한다. 몸이 아니라 마음을 더 많이 노출하려 해야 한다. 왜냐하면 우리가 개인의 삶에 집중하지만, 하나님과 사람과 더 많이 소통해야 하기 때문이다.

신앙생활도 개인의 시대에 맞춰라

개인의 시대에는 신앙생활도 개인의 시대에 맞춰야 한다. 신앙생활에도 노출이 강조되니 슬기롭게 노출해야 한다. 그 노출의 내용이 사람이나 세상보다는 하나님이어야 한다. 우리가 노출할 것은 온택트를 활용해 하나님을 노출시키는 것이다. 우리가 하나님을 노출해야 하는 이유가 있다. 삶이 '우울'이 아니라 '소망'이어야 하기 때문이다.

코로나19 이후에 '코로나 블루'라는 말이 유행하고 있다. '코로나 블루'란 '코로나19'와 '우울감(blue)'이 합쳐진 신조어다. 코로나19 확산으로 일상에 큰 변화가 닥치면서 사람들에게 생긴 우울감이나 무기력증을 말한다. 쉬운 말로 '코로나 우울'이다. '코로나 블루' 우울증이 코로나19 이후 5배 가까이 늘었다고 한다.

최근 개그우먼 박지선이 엄마와 함께 극단적인 선택을 했다. 이는 그의 삶에 '코로나 우울'을 지나 극심한 불안이 엄습했기 때문이다. 최근에 '공황장애'라는 단어를 많이 듣는다. 개인의 시대에 가장 많이 걸릴 수 있는 병이라고 한다. 영국의 발표에 의하면 한국 같은 경우는 하루 확진자가 500명 미만 일 경우에는 정상적인 생활을 해야 한다고 말한다. 코로나 감염보다 사회적 격리가 사람을 더욱 힘들게 만들기 때문이다.

교인들은 신앙생활에서 '코로나 블루'를 겪고 있다. 마음껏 신앙생활을 하지 못하니 마음에 우울감이 몰려온다. 이런 현상은 연세 드신 분들에게 더욱 심하게 나타나고 있다. 이 '코로나 우울'에 노출되지 않으려면 자신을 하나님께 더 많이 노출해야 한다. 하나님께 더 많이 노출할 때 '코로나 블루'는 나와 상관없게 된다. 우리는 하나님께 더 많이 노출함은 물론 가족, 친구 등과 함께 즐거운 신앙생활을 할 수 있는 기회를 더 많이 만들어야 한다.

신앙생활을 잘하기 위한 자기만의 룰을 만들어라

언택트 시대에는 오프라인이 아니라 온라인으로 패턴이 바뀌었다. 그럴지라도 100% 온라인은 아니다. 오프라인과 온라인이 병행을 하고 있다. 우리가 대비할 것은 오프라인으로 하는 신앙생활이 아니라 온라인으로 하는 신앙생활이다. 우리는 온라인으로 신앙생활을 하게 될 때를 대비해 자신만의 정해진 룰(rule: 규칙)을 만들어야 한다. 마치 학생들이 방학을 맞으면 방학 일과표를 만들어 생활하듯 해야 한다.

아트설교연구원도 사회적 거리두기가 2.0단계만 되어도 수업을 진행하지 않는다. 회원들이 조심하느라 모임에 참여를 하지 않는다. 그런데 모임에 나오지 못하는 데서 그치지 않는다. 마음이 느슨해져 과제를 잘하지 않는다. 자기 관리가 잘되지 않아 삶의 룰이 깨졌기 때문이다. 코로나19는 기존에 하던 신앙생활의 룰을 망가뜨렸다. 그 결과 매일 참석하던 새벽 기도를 더 이상 하기 힘들게 되었다. 주일 예배도 편하게 참석하기가 쉽지 않다. 대면 심방은 어려운 지경이다. 성경 공부는 온라인으로 많이 넘어갔다.

언택트 시대에는 신앙생활의 개인적인 룰을 만들어야 한다. 매일 단위, 일주일 단위로 자신만의 신앙생활의 룰을 만들어야 한다. 그럴 때 자신만의 만족스러운 영적 관리를 할 수 있다.

지식 쌓기가 슬기로운 신앙생활을 하게 만든다

교인들의 신앙심은 압권이다

교인들은 신앙이 참 좋다. 아무리 생각해도 우리나라 교인들은 신앙심이 훌륭하다. 주일 예배, 새벽 기도, 수요 예배, 금요 기도회 등을 통해 하나님을 예배하는 것을 행복해한다. 입에서는 찬양과 기도가 그칠 줄 모른다. '하나님!', '할렐루야!'라는 말도 자주 한다. 아트설교연구원 회원 중에도 만나면 늘 '할렐루야!'라고 인사하는 이가 있다.

예전에 아들과 함께 '경배와 찬양' 집회를 종종 갔었다. 그때 교인들이 찬양에 푹 빠져서 하나님을 찬양하는 것이 그렇게 아름다울 수 없었다. 부목사 시절 중보기도회를 인도할 때 마음을 다해 통곡으로 기도하는 것을 보면서 찡한 감동이 한두 번이 아니었다. 지금도 교인들은 자기들의 기도 제목을 나누고 기도해 달라고 한다.

교인은 이성적인 측면을 더 강조할 필요가 있다

한국인의 특성 중 하나는 감성이 풍부하다는 것이다. 이런 특성이 신앙생활에도 그대로 드러난다. 그래서 교인들의 신앙이 감정적인 면이 강하다. 감성적인 설교자를 좋아한다. 그러나 신앙생활은 이성적인 동시에 감성적이어야 한다. 사람은 감성이 강조되면 이성이 약화된다. 이성이 강조되면 감성이 약화된다. 그러므로 균형 잡힌 신앙생활을 하려면 이성과 감성이 균형 잡혀야 한다.

내가 생각하기에 우리나라 교인들은 이성적인 부분을 그다지 좋아하지 않는 것 같다. 교인들은 말씀 읽는 시간보다 기도하는 시간을 좋아한다. 말씀을 묵상하는 시간보다는 찬양하는 시간을 더 좋아한다. 그 말은 이성적인 측면을 보완할 필요가 있다는 말이다. 지금은 콘텐츠가 강조되고 있다. 콘텐츠가 중요한 시대에 교인들은 말씀 묵상, 성경 공부, 독서하는 시간을 더 많이 가져야 한다.

익산 기쁨의 교회 사모는 독서 모임에 참여하고 동시에 독서 모임을 인도한다. 사모들이나 교인들이 책 안에서 큰 행복을 찾는다. 그러므로 교회 안에 독서 모임이 많아져야 한다. 교회 안에 독서 모임이 많아지는 것이 콘텐츠 시대에 발을 맞추며 사는 것이다.

사회는 지적인 측면이 더 중시되고 더 많이 강조되고 있다. 앞으로 사회는 로봇, 인공지능, 사물 인터넷, 5G 등이 활성화될 것이다. 이는 지적인 것이 뒤따를 때 만들어낼 수 있다. 사회도 지식 쌓기에 고민이 많다면 교회도 지식에 좀 더 관심을 가져야 한다.

생각하는 문화가 형성되어야 한다

작가인 이지성은 『에이트 씽크 - 인공지능의 딥러닝을 이기는 동서양 천재들의 생각법』에서 Think 뒤에 숨어 있는 인문학의 통찰을 통한 생각을 강조한다. IBM, MS, 애플이 세계적인 회사가 될 수 있었던 것은 생각 때문이라고 이야기한다. 그는 이전의 책인 『에이트』에서 그는 인공지능의 시대가 온다고 이야기했다. 애플의 공동창업자인 스티브 워즈니악(Steve Wozniak)도 "미래는 인공지능 시대가 될 것이다"라고 힘주어 말한다. 그 결과 세계적인 기업들인 애플, 구글, 페이스북과 같은 기업들은 인문학 석학들을 블랙홀처럼 빨아들이고 있다고 한다.

지금은 창의성의 시대이고 융합의 시대이다. 그것은 생각을 많이 해야 하는 시대라는 말이다. 이는 설교자도 예외가 아니다. 대개 설교자는 생각을 많이 하기보다는 하나님의 말씀을 받아들이기를 많이 한다. 큐티를 해도 관찰의 과정에서 생각을 많이 하기보다는 하나님께서 주시는 말씀을 듣고자 하는 경향이 짙다. 설교자들은 받아들이기도 많이 하지만 생각하기도 많이 해야 한다.

나는 설교자가 갖출 것이 '사고력'이라고 『설교는 글쓰기다』에서 이야기했다. 설교자는 깊이와 넓이가 남다른 사고를 할 수 있어야 한다. 이 사고력을 키우려면 독서가 뒤따라야 한다. 나는 『독서꽝에서 독서광으로』에서 교인은 하나님의 책인 말씀과 사람의 책을 많이 읽을 것을 강조했다. 독서를 하면 사고력이 좋아지기 때문이다.

정민은 『체수 유병집』에서 다산 정약용의 경쟁력을 생각, 곧 사고력이라고 했다.

"다산의 지식경영, 생각이 경쟁력이다."

생각이 경쟁력이다. 생각이 경쟁력을 갖게 한다면 설교자나 교인은 생각을 많이 할 수 있는 여건과 환경을 만들고자 해야 한다. 얼마 전 어느 전도사가 목회자와 교인이 책을 읽지 않는다고 통탄하는 말을 들었다. 목회자와 교인이 책을 많이 읽어야 한다. 세상 사람들보다 더 많은 책을 읽어야 한다. 책을 읽지 않으면 교회의 미래가 어두워진다. 지식의 시대, 콘텐츠의 시대, 인공지능의 시대에 교인은 하나님의 책과 사람의 책을 내 것으로 만들어야 한다. 그럴 때 슬기로운 신앙생활을 하게 된다.

사회 공동체의 규범을 잘 따라야 한다

교인은 교회 공동체 중심으로 살아간다. 여기서 한 발 더 나아가야 한다. 교회 공동체뿐만 아니라 사회 공동체를 중시하며 살아가야 한다. 연세대학교 명예교수인 김형석은 『기독교, (아직) 희망이 있는가?』에서 크리스천이 지녀야 할 삶의 기준 셋을 제시한다. 그중 두 번째가 "이기적인 발상과 행동을 버리고 이웃과 사회를 위해 봉사하는 것이다"라고 말한다.

시민건강연구소의 김명희 예방의학 전문의는 "메르스 사태는 인간 사회에서 각자도생이란 불가능하다는 또 다른 가르침을 주었다"라고 말한다. 혼자서 아무리 조심해도 '감염'이라는 상호작용의 소용돌이에서 빠져나갈 길은 없기 때문이다. 이런 상황이므로 교인은 신앙공동체뿐만 아니라 사회 공동체의 규약도 존중해 줘야 한다. 그리고 사회 공동체를 중시하기 위한 삶의 패턴을 만들 필요성이 있다.

코로나19의 상황에서는 교인도 사회 공동체의 방역 지침에 따라야 한다. 사회적 거리두기, 마스크 쓰기, 손 씻기 등을 잘 따르는 것이 중요하다. 하지만 이 지침을 잘 따르지 않기에 교회에서 확진자가 지속적으로 발생하고 있다. 교인은 교회 공동체 안에서 말씀을 따르고 기도하는 것을 중요시한다. 이에 못지않게 사회 공동체의 규약을 따르기 위한 노력에도 적극적이어야 한다. 코로나19는 사회 공동체의 규범을 따르는 것의 중요성을 절감하게 한다.

교회는 위기의 때를 사회 공동체와 함께 극복해야 한다

중세 시대에 페스트가 발병하자 교인들은 하나님께 페스트로부터 보호해 달라고 기도했다. 하지만 전염병은 이곳저곳을 초토화시켰다. 아무리 기도해도 페스트는 수그러들지 않았다. 그러자 사람들은 의학과 과학 앞으로 나아갔다. 결국 중세 교회가 멸망하게 된 이유 중 하나가 페스트의 창궐이었다. 코로나19는 교회를 극한 어려움에 처하게 했다. 그와 동시에 교회가 지금 패러다임이 아니라 새로운 패러다임을 만들어야 한다는 것을 깨닫게 해주었다. 코로나19라는 상황은 교회가 어떻게 할 수 있는 것이 아니다. 교회는 사회 공동체와 한 마음으로 코로나19를 극복해야 한다. 교인은 신앙생활만 잘 할 것이 아니라 사회의 규범도 잘 따라야 한다.

교회에서 코로나19 확진자가 계속 발생하는 것은 교회가 사회 규범에 적극적으로 협조하지 않았음을 보여준다. 코로나19라는 감염병은 속히 종식되어야 한다. 그러려면 교회는 사회 공동체의 지침에 다른 조직보다 더 앞장서서 협조해야 한다. 감염병 유행이라는 공중 보건 위기를 함께 헤쳐 나가기 위해서 시민건강연구소는 이렇게 논평했다.

첫째, 내가 다른 사람에게 병을 옮기는 감염원일 수도 있다.
둘째, '나는 걸려도 괜찮다' 또는 '나만 지키면 된다'가 아니라 다른 사람과 사회 전체가 더 안전해야 한다.

코로나19를 비롯한 모든 감염병은 지구 안에서 개인이 원인이자 결과일 수 있으며 피해자이자 가해자일 수 있음을 노골적으로 폭로했다. 김창엽 시민건강연구소장은 이렇게 말했다.

"바이러스는 생물학적인 것이지만 감염병과 그 대책은 사회적이다."

감염병은 결코 개인적이지 않다. 그러므로 감염병에 대응하는 사회 공동체의 노력에 적극적으로 협조해야 한다. 교회공동체의 중요성뿐만 아

니라 사회 공동체의 중요성을 인지하는 것이 성숙한 신앙 의식을 소유
한 교인의 모습이다.

교인은 개인적인 신앙생활에 대안이 있어야 한다

교인은 사회 공동체적 의식을 갖고 신앙생활을 해야 한다. 동시에 개
인적인 신앙생활도 대안을 갖고 있어야 한다. 개인화의 시대, 각자도생
의 시대에는 각자가 문제 해결점을 갖고 살아가야 하기 때문이다. 시민
건강연구소의 김명희 예방의학 전문의는 2014년 4월 16일 세월호 참사
에 대해 이런 말을 했다.

> "'각자도생', 즉 위험한 순간에 가만히 있으라는 지시를 따르고
> 차분히 구조의 차례를 기다려서는 살아남을 수 없다."

세월호 참사는 우리에게 잔인한 교훈을 주었다. 국가와 사회는 믿을
수 없고 혼자 살아남아야 한다. 코로나19 바이러스는 '뭉치면 죽고 흩어
지면 산다'는 교훈을 심어주었다. 코로나19 이전까지 신앙생활은 대규
모로 이루어졌다. 코로나19는 개인 중심, 가정 중심, 10명 미만의 공동체
중심의 소규모 중심으로 신앙생활을 해야 한다. 더 나아가 코로나19에
감염되면 홀로 신앙생활을 해야 한다.

언택트의 시대에 교인은 온라인을 통해 홀로 신앙생활을 해야 할 상
황이 많아지고 있다. 공동체와 함께 하는 신앙생활을 할 수 없다면 홀로

신앙생활을 할 수 있는 대안을 갖고 있어야 한다. 교회 중심, 예배 중심, 중보기도 중심의 신앙생활에서 묵상 중심, 무시로 하는 개인기도 중심, 성경 읽기, 성경 연구, 책 읽기 등으로 신앙생활을 할 수 있도록 자기를 만들어야 한다. '함께 하기'의 신앙생활에서 '나 홀로 신앙생활', '나를 이기는 신앙생활'을 할 수 있어야 한다. 나는 10년간 독서를 할 때 목표가 '나를 이기는 것'이었다. 함께 책 읽기가 아니라 홀로 책 읽기를 했다. 경희대학교 비교문화연구소 학술연구교수인 김재인은 『뉴 노멀의 철학』에서 '어제의 나와 겨뤄 이기라'고 한다.

"함께 모이기 위해서는 먼저 모일 사람이 있어야 한다. 다시 말해, '무언가를 추구하는 나'가 먼저 있지 않고서는 '함께 추구함'이 성립할 수 없다. 이런 까닭으로 앞서 말한 '어제보다 나은 나'가 되려는 노력, 다시 말해 '어제의 나와 오늘의 나가 벌이는 경쟁'이야말로 경쟁의 가장 밑바탕에 있다. 이것이 바로 경쟁이 가능하기 위한 조건이다. 남과 함께 추구하기 전에, 남과 겨루기 전에, 먼저 어제의 나와 겨뤄야 한다. 그것은 곧 자기 성장의 추구다."

성장은 다른 사람과 겨루는 것이 아니다. 나와 겨루는 것이다. 엄밀히 말해 어제의 나와 겨루는 것이다. 신앙생활도 어제의 나와 겨룰 수 있는, 홀로 신앙의 성장을 추구해야 한다.

개인 신앙생활을 하려면 기도가 습관화되어야 한다

위기 때에는 홀로 신앙생활을 할 수 있어야 한다. 홀로 신앙생활 하는데 가장 먼저 할 수 있는 것이 두 가지다. 하나는 성경 읽기다. 또 다른 하나는 기도다. 보통 말씀과 기도가 신앙생활의 두 날개라고 한다. 두 날개를 펴야 날 수 있기 때문이다. 생활을 습관화해야 한다. 코로나19로 인해 영적으로 가장 갈급한 것이 기도다. 기도는 함께 모여서 할 때 시너지 효과가 나기 때문이다. 코로나19로 인해 교인들이 가장 갈증이 심한 것이 기도다. 나도 그러함을 뼈저리게 절감한다.

내가 만난 많은 교인들도 기도로 채워지지 않는 영적인 갈급함으로 인해 고통을 겪고 있었다. 그들은 함께 모여 기도하기를 좋아하던 사람들이다. 코로나19는 기도 모임을 할 수 없게 되었다. 이제는 개인적으로 홀로 기도를 통해 영적 충전을 해야 한다. 교인들은 코로나19 이후 교인들과 함께 오랜 시간 예배당에서 말씀을 듣고, 말씀을 붙들고 기도하기를 그리워한다. 그리워하는 것에 그치지 않고 사무침으로 애간장까지 태우고 있다.

수영로교회 담임인 이규현 목사는 『영권 회복』에서 '어떻게 기도해야 하나?'에 대한 두 가지 방법을 제안한다. 하나는 '일상의 기도를 회복하라'는 것이다. 또 다른 하나는 '깊은 기도로 들어가라'는 것이다. 코로나19 시대에 교인들은 일상의 기도를 회복하고, 깊은 기도를 경험해야 한다.

이규현 목사는 일상의 기도를 회복해야 함을 이야기하면서 엘리야의 기도를 언급한다. 엘리야의 기도 능력은 하루아침에 생긴 것이 아니다.

오랫동안 기도의 삶을 살아왔기에 가능했던 것이다. 우리가 알고 있듯이, 기도는 단번에 이루어지는 요술 램프가 아니다. 오랜 시간의 기도 생활의 연습을 필요로 한다. 그 결과 일상에서 홀로 기도할 수 있는 습관이 만들어져 있어야 한다. 코로나19는 예배당에서의, 그리고 일상의 기도가 얼마나 소중한지를 교훈해 주었다. 그러므로 일상에서 기도 생활을 습관화시켜야 한다. 그럴 때 코로나19와 같은 상황이 또다시 닥쳐도 영적 충전의 첨병인 기도 생활을 지속할 수 있다.

일상이 기도가 되려면, 기도가 습관이 되려면 갖출 것이 있다. 절박한 마음이다. 코로나19는 기도 생활이 어느 정도 절박한지를 깨닫게 해주었다. 내가 가장 소중하게 여기는 단어 중 하나가 '절박함'이다. 절박함으로 공부했고, 절박함으로 신앙생활을 하니 하나님께서 큰 은혜를 부어 주셨기 때문이다.

상황에 맞게 중심축을 이동시켜라

디지털 트랜스포메이션(Digital Transformation)**으로 중심을 이동하라**

최근에 디지털 트랜스포메이션이란 말이 떠오르고 있다. 그 뜻은, '인류의 삶의 공간이 디지털 공간으로 이동했다'는 말이다. 이에 대해 문명을 읽는 공학자이자 성균관대 서비스 융합디자인학과 및 기계공학부 교수인 최재붕은 『체인지 나인』에서 이렇게 말한다.

> "디지털 트랜스포메이션의 출발은 바로 이 스마트폰의 탄생이라고 할 수 있습니다."

2007년 1월 세계 최초의 스마트폰이 탄생했다. 10여 년이 지난 지금, 전 세계 50억이 넘는 인구가 스마트폰을 쓰고 있다. 특히, 대한민국은 성인의 95%가 스마트폰을 쓰는 세계 1위 스마트폰 이용 국가다. 우리나라는 스마트폰의 완전 보급화로 인해 국민의 70%가 모바일 뱅킹을 사용한다. 이제 은행 지점에서 처리하는 비중은 10% 이하로 떨어졌다. 심지어 카카오 뱅크는 아예 지점도 없다.

코로나19는 소비 패턴의 많은 것을 바꿨다. 이 중 하나가 온라인 소비의 급성장이다. 코로나19로 사람들이 만나는 것을 기피하게 되자 마트, 백화점, 오프라인 시장은 퇴색한 반면 온라인과 배달 시장 등은 약진했다. 언택트 시대로 돌입한 결과 2020년 상반기에만 온라인 소비가 무려 40%가 늘었다. 2020년 11월 3일 한국은행 '국내 지급 결제 동향 분석'에 따르면 '코로나 특수'로 모바일 비대면 결제가 17%로 폭풍 성장했다고 발표했다. 2020년 11월 5일에 발표된 카카오는 언택트 훈풍에 힘입어 역대 최초로 분기 매출 1조 원을 돌파했다.

이뿐 아니다. 식품은 온라인 시장이 더욱 활발하다. 2020년 9월 30일 한국농수산식품유통공사에 따르면 올해 상반기 온라인 식품 시장 규모는 작년 상반기보다 56.5% 증가한 19조 원으로 집계됐다. 특히 코로나 확진자가 급증했던 지난 3월 온라인 식품 거래액은 3조 4006억 원으로 지난해 같은 기간보다 69.6%, 전월보다 10.9% 증가했다. 4월부터는 소폭 감소했지만, 여전히 월간 거래액이 3조 원을 웃돌고 있다. 공사 측은 "코로나19 영향으로 비대면 소비가 늘면서 온라인 식품시장이 커진 것"이라고 분석했다.

오렌지 라이프 정문국 사장은 포스트 코로나 시대 직원들의 디지털 혁신 역량을 강화하기 위해 전체 임직원 대상의 '온택트 디지털 포럼'을 개최했다. 그 포럼을 개최하면서 정 대표는 이렇게 말했다.

> "최근 화두로 떠오른 디지털, 비대면 등은 코로나로 인한 일시적
> 트렌드가 아닌, 산업과 인구구조 변화에 따라 우리가 가야만 하는
> 필연적 방향이다."

온라인은 세상이 가야 할 필연적 방향이 되었다. 이는 거스를 수 없는
대세다. 이 대세를 읽고 대세에 합류해야 한다. 교회는 예배, 성경 공부,
기도, 구역, 소 모임 등을 온라인으로 활성화할 수 있는 방안을 시급하게
마련해야 한다. 그리고 대세로 잡리잡아야 한다. 세상은 이미 속도전으
로 변모하였다. 교회도 속히 온라인과 영상 활용에 속도를 높여야 한다.

가정으로 삶의 중심을 이동하라
한국경제신문 코로나 특별취재팀의 『코로나 빅뱅, 뒤바뀐 미래』에서
이런 말을 한다.

> "슬기로운 집콕 생활이 필요해졌다."

예전의 집은 가족과 함께 하는 휴식 공간이었다. 이제는 가정이 삶의
중심이 되었다. 코로나19로 인해 2020년 8월 기준 재택, 원격 근무를 경
험한 근로자는 9만 5,000명으로 집계되었다. 전체 유연근무제, 임금근

로자의 4.3%에 해당되는 규모다. 미국에선 2017년 기준 전체 근로자의 3%가 완전히 재택근무를 하고 있다는 것이 인구조사국의 통계다. 여기서 그치지 않고 집이 '홈트'가 되었다. 헬스장, 공연장, 찜질방 등에 사람들이 가기를 꺼려한다. 그 결과 집에서 땀 흘리며 건강을 관리하고 있다.

경영컨설턴트인 박경수는 『언택트 비즈니스』에서 코로나19는 이제 홈족, 홈 루덴스, 홈코노미, 홈스케이프족과 같은 '홈'이 대세인 세상이 다가오고 있다고 한다. 더 나아가 홈 오피스 산업이 뜨고 있다. 특히 밀레니얼 세대는 72%가 자신을 홈 루덴스라고 대답했다. 그 이유는 "집이 제일 편해서"가 79%로 나타냈다. 중앙 재난안전대책본부가 발표한 개인 방역의 5대 핵심 수칙 중 제1수칙이 '아프면 3~4일 집에 머물기'다. 이젠 집이 가장 안전한 곳이다.

코로나19가 발생한 후 넷플릭스(Netflix)의 가입자 수가 급격하게 늘어 1억 8,000만 명을 돌파했다고 한다. 영화도 영화관이 아니라 집에서 보는 시대이다. 내가 가는 단골 카페도 손님이 확 줄었다. 전에는 카페에서 교회와 구역의 소모임이나 성경 공부 등을 하는 것을 많이 목격했다. 그러나 이제 카페는 안전한 곳이 못 된다. 코로나19 3차 유행으로 카페는 테이크아웃만 가능해졌다. 이전에는 카페가 삶의 중심에 있었지만, 이제는 가장 안전한 가정이 그 자리를 차지하게 되었다. 그렇다면 교인들은 가정을 삶과 신앙생활의 중심으로 만들어야 한다.

신앙생활도 가정이 중심이 되어야 한다. 신앙생활이 이전에 '봉사 신앙' 중심에서 '말씀 신앙' 중심으로 대전환을 이루어야 한다. 성경공부도 이젠 각 가정을 중심으로 해야 한다. '포스트 코로나와 목회연구학회'의 『비대면 시대의 '새로운' 교회를 상상하다』에서 기독교사회문제연구원 책임연구원은 종교적 공간의 확장을 이야기하면서, 가정을 활용하라고 말한다. 언택트 시대에는 가정이 신앙생활의 중심축으로 자리 잡지 않을 수 없게 되었다. 그러므로 가정을 중심으로 신앙생활을 어떻게 할 것인가를 고민하고 방안을 찾아야 한다.

큰 것에서 작은 것으로 중심을 이동하라

교인들은 교인 중심에서 가정 중심으로 신앙생활의 중심축을 옮겨야 한다. 또한 큰 규모의 모임에서 작은 규모의 모임으로 중심을 이동해야 한다. 교회는 교인들의 신앙생활을 돕기 위해 큰 규모를 작은 규모로 쪼갤 필요성이 있다. 이미 작은 규모라면 더 작은 규모로 쪼개야 한다.

과거에는 큰 것이 좋아 보였다. 이제는 작은 것이 소중해졌다. 그렇다면 큰 규모를 지향할 것이 아니라 작은 규모를 지향해야 한다. 작은 것을 더 아름답게 만들어야 한다. 언택트 시대에는 교회 안에 모임을 쪼개고 쪼개 작은 규모로 만들어, 모임을 예전보다 배 이상 늘려야 한다. 동시에 대규모 모임이 이루어질 때 대규모 모임의 장점을 살려야 한다.

대면 모임은 많이 모여야 은혜가 넘친다. 반면에 비대면 모임의 은혜는 규모가 아니라 질이다. 그러므로 질을 향상하기 위해 어떻게 할 것인가에 대해 고민을 해야 한다. 교회는 교회에 맞게 작은 규모의 모임을 활성화시켜야 한다. 이젠 교회에서의 모임보다는 구역에서의 모임을, 구역에서의 모임보다는 가정에서의 모임을 활성화해야 한다. 언택트 시대에 가장 이상적인 모임 규모는 10명 미만이다. 10명 미만은 세 가정이 함께 모일 수 있는 규모다. 구역 모임이 아니라 세 가정 규모의 모임을 활성화할 수 있는 방법의 모색이 절실하다.

평범함에서 전문화로 중심을 이동하라

교인은 봉사와 사회참여를 통해 하나님 나라를 세워가야 한다. 이런 일은 전문적인 지식이 없으면 주도적 위치에서 감당할 수 없다. 그러므로 교인이 단순한 참여자에서 전문화된 리더로서 활동할 수 있도록 환경을 조성해야 한다. 제자훈련을 할 때 하는 말 중 이런 말이 있다. "모든 교인의 제자화!" 이는 제자훈련의 비전이다. 동시에 모든 교인을 제자화하는 것이 예수님의 지상명령이다. 이 지상명령을 감당하려면 전문화된 교인을 세워야 한다.

언택트 시대에는 소그룹이 중요하다. 이 중요한 소그룹의 리더를 세워야 한다. 리더를 세울 때 전문가 수준까지 끌어올려야 한다. 연세대학교 명예 교수인 김형석의 『기독교, (아직) 희망이 있는가?』에 숭실대학교 대학원장을 만난 이야기 한 토막이 있다. 처음에는 교수를 장로교 출신으로 채용을 했다고 한다. 학문의 다양성을 요구하는 학생들의 불만이 높아 교파를 가리지 않고 가급적 장로들을 초빙했다는 것이다. 그러다가 학문적 수준을 높여야 한다는 필요를 느껴 세례교인이면 누구나 받아들였다고 한다. 더 나아가 요즘은 교회 밖의 학자들을 더 많이 모시고 있단다. 그 이유는 교회의 장로님들이 교수로 적합하지 않은 경우가 많기 때문이라고 한다. 이는 그들이 전문가 수준을 유지하는 몸보림이 부족한 결과다.

교인은 전문가의 수준을 갖춰야 한다. 세상은 이미 전문가의 시대이기 때문이다. 교회도 전문화되어야 한다. 교인도 전문가 수준으로 끌어올려야 한다. 평범함으로는 세상을 제자 삼는데 한계가 분명하다. 그러므로 탁월한 전문가를 길러내기 위한 콘텐츠와 훈련 방법을 만들어야 한다.

한 가지 더 보태라: 안전

코로나19는 안전이 가장 중요하다. 오늘도 나라로부터 안전 안내 문자를 받았다. "식당 내 환기가 잘 안되고, 마스크 미착용 상태로 대화한다는 안전신고가 많았습니다. 다중이용시설에서는 마스크 착용, 환기와 소독에 각별한 주의 바랍니다." 3차 유행으로 안전이 가장 중요해졌다. 프레스티지 이코노믹스(Prestige Economics)와 퓨처리스트 인스티튜트(Futurist Institute)의 회장이자 미래학자인 제이슨 솅커(Jason Schenker)는 『코로나 이후의 세계』에서 안전이 가장 중요하다고 말한다.

"현재 제일 중요한 것이 무엇이냐고 나에게 묻는다면 자기 자신과 사랑하는 이들이 코로나의 피해로부터 안전할 수 있도록 주의하는 일이라고 대답하겠다. 보건 전문가와 공중 보건 정책 당국이 강조한 대로 사회적 거리두기가 중요하다. 이 위기 또한 지나가리

라. 위기가 지나가고 나면 코로나19가 장기적으로 미칠 영향에 대한 계획을 세우는 것이 중요하다. 코로나19 팬데믹이 진행되는 동안 시행되었던 조치와 변화들이 영구적으로 지속될 수 있다는 사실을 받아들여야 한다. 그리고 금융 시장에 미칠 2차 혹은 3차적인 영향과 경제적 악재에 대비하는 것이 아주 중요하다."

나는 어릴 적부터 신앙생활의 원칙으로 '하나님' 먼저, 그다음 '다른 사람', 마지막으로 '나'라는 것을 배웠다. 이것은 지금도 변함이 없다. 언택트 시대에도 이 신앙 원칙은 지켜져야 한다. 이때, 한 가지 더 보탤 것이 있다. 제이슨 셍커(Jason Schenker) 회장의 당부처럼 '자기 자신과 사랑하는 이들이 코로나의 피해로부터 안전할 수 있도록 주의하는 일'이다. 즉 안전을 보태야 한다.

언택트 시대에는 접촉하는 것에 각별한 주의가 필요하다. 다른 사람이나 다른 사람에 대한 접촉에 신경을 써야 한다. 그 결과 코로나19 환경에서는 '3밀'이 중요하다. '밀폐, 밀집, 밀접!'이다. 밀접한 접촉을 할 때는 주의를 기울여야 한다. 접촉으로 인해 확진자가 발생한다. 그러므로 안전을 최우선으로 해야 한다.

접촉을 조심해야 한다. 하지만 마음의 접촉만은 가까워야 한다. 중앙재난안전대책 본부가 개인 방역 5대 지침을 발표했다. 그 마지막 다섯 번째 지침은 이렇다.

"거리는 멀어져도 마음은 가까이"

물리적인 접촉은 멀리해야 한다. 하지만 마음의 접촉은 더욱 가까이해야 한다. 그러면 위험으로부터 안전해진다. 가장 필요한 사랑이 넘치게 채워지는 사회를 만드는 것이 우리가 할 일이기 때문이다.

뉴 노멀 시대의 적응력을 가져라

남다른 적응력을 지녀야 한다

속도 전쟁 속에서 교인은 세상에 적응할 능력을 지니고 있는가? 우리는 속도의 시대에 맞는 적응력을 갖춰야 한다. 만약 갖추지 못하면 새로운 기준이 된 뉴 노멀 시대에 맞게 살아가기 힘들다. 요즘 들리는 말이 있다. "교회가 코로나19 이후에 대안이 없다" 대안이 없는 이유는 교회의 변화 속도가 세상에 비해 턱없이 느리기 때문이다. 아니, 교회는 속도에 무관한 조직이라고 생각하기 때문이다.

교인도 세상에서 살아간다. 그러므로 세상 속도를 무시하면 안 된다. 그렇다고 세상 속도만 따라가도 안 된다. 적정한 속도를 갖고 살아가야 한다. 우리가 속도에 신경을 써야 할 이유가 있다. 세상 사람들은 이미 세상의 속도에 맞춰져 있다. 그렇다면 교회나 교인들도 세상의 속도에 한참 못 미치면 안 된다. 그럼 세상 사람들이 구식이라고 교회에 무관심할 것이 뻔하다.

교회가 대안이 없게 된 이유 중 하나가 세상의 변화 속도에 대한 무관심이다. 교회나 목회자, 그리고 교인이 세상의 5G 급으로 변하는 세상의 변화에 무관심으로 일관했기 때문이다. 5G와 4G의 속도 차이는 최대 20배 차이가 난다. 5G와 4G의 속도 차이를 자율 주행 자동차로 예를 들면, 눈앞에 사고가 나서 급작스럽게 정지해야 하는 경우 현재의 4G에선 0.3초에서 최대 0.05초의 반응속도를 보여준다. 반면 5G는 0.001초의 반응속도를 나타낸다.

교회는 대안을 마련해야 한다. 5G와 4G의 속도 차이가 최대한 20배가 차이가 나는데 여전히 4G만 고집한다면 사람들이 5G로 갈 것은 자명하기 때문이다. 우리가 세상에 대한 적응력을 키우려면 더욱더 세상의 변화에 귀를 기울여야 한다. 세상의 변화에 뒤처지지 않기 위해 콘텐츠를 생산케 하는 독서에 몰입해야 한다.

최근에 아트설교연구원 회원 한 사람이 서울대학교 소비자학과 김난도 교수는 『트렌드코리아 2021』를 난생 처음 읽었다고 한다. 그는 이 책을 읽고 충격을 받아 헤어나지 못하고 있다고 고백했다. 그리고 세상을 너무나 몰랐다고 자신이 뭘 했는지 한심하다고 말했다. 그의 말이 우리의 모습이다. 이제 우리는 세상에 대한 적응력을 길러야 한다. 그러려면 지금과 같은 생각과 삶의 자세가 아니라 조금 더 깨어 있으려고 하는 자세로 바꿔야 한다.

'공부'에서 '읽기'로 대전환하라

"책을 읽는 일은 아주 안전하다."

한림대학교 의과대학 부교수이자 강남성심병원 감염관리실장인 이재갑과 TBS 과학 전문 기자이자 지식 큐레이터인 강양구가 『우리는 바이러스와 살아간다』에서 한 말이다. 코로나19 때 가장 안전한 것이 혼자 책을 읽는 것이다. 언택트 시대에 혼자 있을 때 최상의 삶이 책 읽기이기 때문이다. 코로나19를 지내면서 교인이 할 수 있는 것은 '책 읽기'다. 하나님의 책인 성경 읽기와 사람의 책인 책 읽기다. 책 읽기는 혼자 있을 때에도 할 수 있는 최상의 대안이다.

읽기가 최상의 대안이라면 공부에서 읽기로 전환해야 한다. 공부가 특정한 목적을 갖고 하는 일이라면, 읽기는 일상적으로 할 수 있는 일이다. 책 읽기가 중요하다면 장소도 무시할 수 없다. 전염병이 창궐할 때는 안전한 곳이 없다. 이재갑과 강양구는 교보문고 같은 대형 서점은 방역에 취약하나 동네 작은 서점이 방역에 강할 수 있다고 말한다. 동네 작은 서점이 방역에 강하니 코로나19 이후에는 작은 서점이 더 중요해지게 된다고 말한다.

사람들은 작은 것이 아름답다고 말한다. 3차 유행 때는 방역지침에 따라 5명 이상 집합금지였다. 이때는 작은 모임이 아름답다고 말할 수 있었다. 코로나19는 작은 것의 소중함과 작은 것의 아름다움을 말한다는 점에서 기존에 살아왔던 우리의 삶에 대한 반면교사가 될 수 있다. 세계에서 가장 정확한 금융 예측가이자 미래학자 중 한 사람으로 평가받는 제이슨 셍커 (Jason Schenker)가 이런 말을 했다.

> "미래에 닥칠 위험을 준비하고 대비할 기회를 놓치지 않는다면 코로나 팬데믹은 반면교사가 될 것이다. 코로나19 이후에도 미래가 있기 때문이다."

교회는 코로나19를 반면교사로 삼아야 한다. 그렇다면 교인도 코로나19를 신앙생활의 반면교사로 삼아야 한다. 코로나19는 하나님과 관계를 갖는 것이 쉽지 않음을 보여주었다. 코로나19를 하나님과 더 친밀한 관계로 만들기 위해 몸부림치는 기회로 삼아야 한다. 교인은 언택트 시대에 홀로 마음껏 할 수 있는 책을 읽어야 한다. 그럴 때 코로나19를 반면교사로 삼을 수 있다. 여기서 그치면 안 된다. 책만 읽지 말고 자신을 읽을 수 있는 능력을 갖춰야 한다.

철저하게 하나님 중심으로 만들어라

뉴 노멀의 시대는 자칫 잘못하면 교인들이 하나님과 멀어질 수 있는 상황들이 여기저기 널려 있다. 그렇다면 하나님과 더욱 친밀해질 수 있는 마음가짐과 상황을 만들어야 한다. 우리의 마음가짐과 상황을 하나님과 가까이 그리고 하나님을 중심에 놓을 수 있도록 해야 한다. 『코로나 빅뱅 뒤바뀐 미래』에서 한국경제신문 코로나 특별취재팀은 주택 시장에 올인룸(all in room) 현상이 빠르게 확산되고 있다고 한다. '올인룸'은 방 하나에 모든 것을 갖춘다는 뜻이다. 코로나19 시대에 방이라는 공간은 일하고 식사하고 휴식까지 할 수 있도록 만능 기능을 갖춰야 하기 때문이다. 이제는 방 안을 하나님 중심적으로 살아갈 수 있도록 만들어야 한다.

교인이 하나님 중심적으로 살아가면 뉴 노멀이 기회 창출의 수단이 될 수 있다. 더 나아가 남다른 경쟁력을 갖출 수 있다. 교인이 갖게 될 남다른 경쟁력은 세 가지다.

첫째, 하나님의 사랑이 흐르는 사람이 되는 것이다. 교인은 하나님의 사람이다. 하나님의 사람은 하나님의 사랑이 강물처럼 흐르는 사람이다. 하나님의 사랑이 흐르면 그 사랑에 목마른 사람들이 모여들게 된다.

둘째, 영적인 사람이 되는 것이다. 언택트 시대에 교인은 영적인 사람이 되기보다는 육적인 사람이 될 확률이 높다. 이럴 때일수록 영적인 교인이 되어야 한다. 영적인 교인이 되려면 하나님의 말씀이 삶에 녹아져야 한다.

셋째, 예수님의 제자가 되는 것이다. 예수님께서 마태복음 28장에서 모든 민족으로 제자를 삼으라고 하셨다. 제자를 삼으려고 하면 자신이 예수님의 제자가 되어야 한다. 제자가 되지 않고 다른 사람을 제자 삼을 수 없다. 제자가 되되 철저한 제자가 되어야 한

다. 철저한 제자가 되지 못하면 제자 삼는 일은 구호에 그칠 확률
이 크다.

언택트 시대에는 뉴 노멀이 득세한다. 뉴 노멀이 득세하면 세상 중심
적이 될 확률이 크다. 이럴 때 교인은 더욱더 하나님 중심적이어야 한다.
하나님 중심적이 되려면 틈만 나면 하나님의 말씀으로 살아가고자 해야
한다. 말씀을 읽고, 말씀을 묵상하고, 말씀을 연구하고, 기도와 찬양 그
리고 교회 공동체에서 주어지는 영성 프로그램에 적극적으로 참여해야
한다.

Chapter 4

언택트와
교회

UNTACT and the Church

LIKE

UNLIKE

언택트와 교회

뉴 노멀의 세상과 직면해야 한다

사회는 뉴 노멀을 세웠다

언택트 시대에는 '어떻게 살아야 하는가?'가 과제다. 바뀐 세상에 적응하는 것이 급선무이기 때문이다. 적응이 필요하기에 전문가들은 뉴 노멀을 세우라고 한다. 한림대학교 의과대학 부교수이자 강남성심병원 감염관리실장인 이재갑과 TBS 과학 전문 기자이자 지식 큐레이터인 강양구는 『우리는 바이러스와 살아간다』에서 뉴 노멀을 세워야 한다고 역설한다. 사회는 뉴 노멀을 세우고 있다. 코로나19와 같은 상황이 '예외 상태'가 아니라 '일상 상태'가 되었기 때문이다. 이에 맞게 삶의 새로운 기준을 세워야 한다.

서울대학교 소비자학과 김난도는 『트렌드 코리아 2021』에서 재택근무·원격수업·비대면 유통을 다음과 같이 전망한다.

첫째, 재택근무의 향후 전망이다.

화상회의 플랫폼을 제공하는 '줌(Zoom Video Communications)'은 단연 코로나 시대의 신데렐라로 부상했다. 줌은 팬데믹 이전부터 화상회의 시스템 분야에서 하루 이용자 수가 1천만 명에 이르는 탄탄한 중소기업이었고 2019년에는 나스닥에 상장되기도 했으나 일반인들에게는 낯선 이름이었다. 그러던 것이 코로나19 발생 이후 하루 이용자 수가 순식간에 20배인 2억 명으로 늘어나면서 화제의 기업으로 떠올랐다. 줌은 2020년 1개월 동안 다운로드 수가 90% 증가했다. 사용자 세션은 17% 증가했다. 월간 사용자는 3.5배 증가했다. 회의, 교육, 세미나 등 학습 범위가 증대되었다. 코로나19로 가장 수혜를 본 기업으로는 단연 줌을 꼽을 수 있다.

둘째, 온라인 교육의 향후 전망이다.

학습 방법까지 완전히 이전으로 돌아가지는 않을 것이다. 대면 수업을 위주로 하되 온라인 수업이 보조적으로 사용되는 '블렌디드 러닝(blended learning)'이 자리를 잡아갈 것으로 보인다.

셋째, 언택트 유통의 향후 전망이다.

바이러스 사태가 종식된 이후에도 비대면 전자상거래의 비율은 더 높아질 것으로 보인다. 하지만 유통 역시 그 형태는 근무나 교육과 마찬가지로 최적 지점을 찾아 여러 형태가 유연하게 뒤섞일 것이다.

최근 언택트 공연으로 사람들의 주목을 끈 공연이 있었다. 나훈아의 비대면 공연이다. 이 공연은 대성공을 이루었다. 이 공연은 '2020 한가위 대기획 대한민국 어게인 나훈아' 였다. 이 콘서트는 전국 기준 29.0%의 시청률을 기록했다. 이 공연이 끝난 다음 날 모든 사람들이 나훈아 콘서트를 이야기 할 정도였다. 이 공연은 언택트 공연이 충분히 가능함을 보여주었다.

문제는 코로나19 이후 찾아온 변화다. 그 변화는 지속될 것 같다. 어떤 책에 보면 영원할 것 이라고 한다. 코로나19 이후 언택트가 보편화될 것이다. 경희대학교 비교문화연구소 학술연구 교수인 김재인은 『뉴 노멀의 철학』에서 코로나19가 가져온 변화는 영원히 계속 될 것임을 직감한다고 말한다. 그는 코로나19 이후의 세상은 다시는 전과 같지 않을 것이라고도 말한다. 그렇게 진단하기에 그는 코로나19 이후를 살아갈 사람들은 뉴 노멀 철학을 갖고 살아가라고 말한다.

코로나19로 인해 언택트 시대가 본격화되었다. 교회는 언택트에 대해 알아야 한다. 또한 언택트에 대한 대안을 준비해야 한다.

교회의 뉴 노멀은 십자가 정신으로의 복귀다

세상이 언택트로 연결하고 있다면 교회는 적극적으로 언택트를 활용해야 한다. 그리고 교회만의 강점으로 언택트 시대를 살아가야 한다. 교회가 언택트 시대에 강화할 것은 다름 아닌 십자가 정신이다. 교회의 십자가 정신은 다른 것이 아니라 재확산이 일어났을 때 교회가 세상에 내놓은 문구에서 한 가지 답을 찾을 수 있다.

"교회가 미안합니다."

교회는 예수님처럼 십자가에 달려 죽을 수는 없다. 하지만 다른 방법으로 죽을 수 있다. 십자가의 핵심인 자기 부인이다. 교회가 이 시대에 표현한 자기 부인 중 하나가 "교회가 미안합니다"라는 사과다. 교회는 이 말을 매일 반복하고 반복해야 한다. 할 수만 있다면 말이 아닌 마음으로 해야 한다. 마음의 행동으로 사회에 대해 사죄하는 의미로 세상을 섬겨야 한다.

교회 재정의 10%를 세상의 가난한 이웃을 섬기는데 쓸 수 있다. 청년들 주거 문제에 교회가 어느 정도 기여할 방법을 찾을 수 있다. 대형 교회가 학사관을 지어 적은 액수를 받고 주거공간을 제공할 수 있다. 교인들이 부동산 투기 등을 하지 않는 것을 말과 삶으로 보여줄 수 있다. 코로나19로 교회에 대한 세상의 깨어진 기대감, 추락한 교회의 신뢰를 회복하려면 십자가 정신으로 시급하게 무장해야 한다. 아니 십자가 정신을 뉴 노멀 기준으로 세워야 한다.

교회의 뉴 노멀은 말씀으로의 복귀다

"오직 믿음, 오직 은혜, 오직 성경(Sola Fide, Sola Gratia, Sola Scriptura)."

루터의 세 가지 신학이다.

코로나19로 인해 교회가 어려움을 겪고 있다. 루터가 외쳤던 것처럼 교회도 말씀으로 돌아가야 한다. 다른 지름길이 없기 때문이다. 교회는 어려운 때일수록 말씀으로 돌아가야 한다. 말씀이 아니면 교회가 교회답게 할 수 있는 것이 없기 때문이다. 말씀으로 돌아가는 것은 교회가 하나님께로 돌아가는 것이다.

500년 전의 종교개혁의 표어가 '성경으로 돌아가자'였다. 우리도 성경으로 돌아가야 한다. 성경 읽기를 하자는 것이 아니다. 성경적인 삶을 살자는 것이다. 뉴 노멀은 이론으로 그치면 안 된다. 삶으로 체화되어야 한다. 그러므로 교회의 뉴 노멀은 성경으로 돌아가는 것이다. 세상은 언제나 변한다. 하지만 하나님께서 변하지 않듯이 성경은 변하지 않는다. 이 변하지 않는 것이 뭐 끓는 변죽과 같은 세상과 사람을 끌고 가는 힘이 있기 때문이다.

교회의 뉴 노멀은 세상을 이길 수 있는 콘텐츠다

'코로나19'는 기존의 삶의 방식이 아닌 새로운 삶의 방식인 뉴 노멀을 만들어냈다. 교회는 새로운 삶의 방식에 적응해야 한다. 그리고 세상을 이끌 수 있는 콘텐츠를 만들어내야 한다. 코로나19로 인해 교회가 위기를 맞게 된 이유 중 하나는 교회만의 콘텐츠가 없기 때문이다. 즉 세상에 내놓을 만한, 세상을 끌고 갈 만한 콘텐츠가 없기 때문이다. 뉴 노멀로 바뀐 세상은 위기의 교회가 제대로 된 교회가 될 수 있도록 만들어줄 수 있는 최적의 상황이다. 위기 때 교회는 세상 기준에 맞추면 안 된다. 세상을 따라가면 안 된다. 단, 세상의 급속한 변화를 무시하면 안 된다. 교회는 세상과 다른 접근 방식으로 세상에 매력적인 콘텐츠를 만들어야 한다.

뉴 노멀로 인한 가장 큰 변화는 언택트로의 전환이다. 언택트에 활용할 수 있는 콘텐츠 개발에 힘을 쏟아야 한다. 교회는 컨택트에 익숙해져 있다. 컨택트가 아니면 흔들릴 수밖에 없는 구조다. 하지만 온택트 활용에 익숙해져야 한다. 어르신들까지 온택트를 활용할 수 있도록 교육과 훈련이 병행되어야 한다.

최근에 한 목회자와의 통화에서 교회의 교인 감소와 더불어 재정이 30% 전후로 감소했기에 고민이 많다고 했다. 그는 교회의 미래를 찾기 위해 언택트에 맞는 콘텐츠 개발을 하려고 하는 데 어떻게 해야 하는지 물었다. 지금은 콘텐츠가 새로운 세상의 중심이 되었다. 그렇다면 교회도 하나님의 콘텐츠 계발에 심혈을 기울어야 한다.

어제 한 목회자와 줌(Zoom)으로 대화를 했다. 그는 언택트로의 변화가 싫다고 했다. 자신과 맞지 않다고 했다. 하지만 적응하기 위해 노력 중이라고 했다. 이는 나도 마찬가지다. 내 옷과 잘 맞지 않는다. 하지만 맞추려고 노력하고 있다. 이는 언택트는 자신과 맞고 안 맞고의 문제가 아니기 때문이다.

'머리로서의 목회'를 상징하는 것은 '설교'다. 최근 한 모임에서 '목회는 관계다'라는 말을 하는 것을 들었다. 그때 관계는 사람과의 관계를 말했다. 관계도 중요하다. 하지만 설교가 더 중요하다. 한 회원과의 대화를 통해 설교가 언택트 시대에 중요함을 알 수 있었다. 그는 설교에 집중해서 목회를 하고 있는데 교인 출석수와 교회 재정이 코로나19의 영향을 거의 받지 않았다고 했다. 목회, 뉴 노멀에 맞춰야 한다. 그러려면 콘텐츠 만들기에 집중해야 한다. 그 콘텐츠의 핵심은 설교다.

　나는 아트설교연구원을 통해서 목회자를 키우고 있다. 내 꿈은 설교로 세상을 뒤집을 수 있는 몇 명의 목회자를 키우는 것이다. 설교에 탁월한 몇 명의 스펄전, 로이드 존스, 옥한흠과 같은 목사만 배출되어도 한국 사회에 말씀 부흥이 일어날 것을 믿어 의심치 않기 때문이다.

세상과 공감 못하면 끝이다

교회는 공감 능력이 부족하다

교회는 공감 능력이 부족하다. 교회가 공감 능력이 부족한 것은 통계를 통해 알 수 있다. 2020년 6월 목회데이터연구소가 엠브레인 트렌드 모니터가 실시한 '종교(인) 및 종교인 과세 관련 인식조사'를 분석한 결과에 따르면, 향후 종교 전망과 관련해서 종교계 위상이 낮아질 것으로 본 응답자가 57%였다. '코로나19'를 계기로 종교계에 변화가 있을 것으로 본 사람은 55%, '사회적 거리두기' 경험으로 종교시설을 찾는 이가 줄어들 것으로 본 경우는 39%였다. 이런 통계를 바탕으로 생각해 볼 것은 그리스도인의 공감이 부족함을 인지해야 한다는 것이다. 삼일교회 교육총괄을 했던 박양규는 『인문학은 성경을 어떻게 만나는가-텍스트는 콘텍스트를 사는 사람들에게』에서 이런 말을 한다.

"오늘날 개독교라는 오명을 듣는 이유는 그들의 언어가 이미 그들만의 암호가 되었기 때문이다."

언어가 암호가 되었다는 것은 공감과 동떨어진 교회임을 말해준다. 교회가 공감능력이 부족하면 공감하기 위해 부단한 노력을 기울여야 한다.

공감이 중요한 시대다

사회는 공감을 중요시 한다. 코로나19는 공감이 더욱더 중요해졌다. 건국대학교 교수인 최배근은 『호모 엠파티쿠스가 온다』에서 이런 말을 한다.

"사상 초유의 대전환의 시대, 공감형 인간만이 미래의 대안이다."

이지성 작가는 『에이트』에서 공감능력은 인공지능이 대체할 수 없는 능력이라고 했다. 숭실대학교 장정빈 교수는 『공감이 먼저다』에서 공감이 이 시대에 대체 불가능한 새로운 경쟁력 중 하나라고 했다. 런던 인생학교(School of Life)의 창립 교수진이자 국제적인 공감 전문가인 로먼 크르즈나릭(Roman Krznaric)은 『공감의 능력』에서 공감 혁명을 확산시키기 위해 필요한 세 가지를 제시한다.

"첫째, 공감 대화. 둘째, 공감 도서관. 셋째, 공감 박물관이다."

공감이 아주 중요한 시대다. 코로나19는 더욱더 공감이 중요함을 일 깨워주고 있다. 우리는 전염병과는 이별해야 하지만 사람과는 공감해야 한다. 공감의 시대이므로 나도 다른 사람들의 마음을 이해하기 위해 남 다른 노력을 기울이고 있다. 그 이유는 공감이 우리들이 직면한 문제 해 결의 촉매제가 될 수 있기 때문이다.

코로나19 이후는 공감이 더욱 중요해졌다

코로나19가 한창일 때 강조된 것이 공공성이다. 공공의 관점에서 다루 어야 코로나19를 예방할 수 있기 때문이다. 공공성은 공감할 때 비로소 완성된다. 지금 교회는 코로나19 집단감염의 제공자처럼 되어 있다. 이 렇게 된 데에는 공감이 배제된 개인 영혼에 대한 강조와 영과 육을 분리 하는 이원론이 한몫하는 것 같다. 포스트코로나와 목회연구학회의 『비 대면 시대의 '새로운' 교회를 상상하다』는 개인 구원을 위해 교회로 모 인 이들이 전체 공중 보건을 위협하는 원인이 되는 역설이 담겨 있다고 진단한다. 개인이 강조되면 다른 사람과 공동체에 대해 공감하려 하지 않는 경향으로 갈 수밖에 없다.

우리가 매일 쓰고 살아야 하는 마스크와 사회적 거리두기는 공감을 기반으로 한다. 공감이 부족한 사람은 마스크를 쓰지 않고 시내버스를 타겠다고 우기는 사람과 다를 바가 없다. 전문가들은 21세기를 공감의 시대라고 말한다. 교회는 하나님과의 공감이 중요하다. 이제는 세상과의 공감도 중요시해야 한다. 세상에 대한 교회의 공감은 개인적인 문제가 아니라 공공의 문제로 접근해야 한다. 나만의 삶이 아니라 우리의 삶을 위해 공감해야 한다.

서울대학교 예방의학과 교수인 홍윤철은 『펜데믹-바이러스의 습격, 무엇을 알고 어떻게 준비해야 하는가』에서 "코로나19발, 세계 경제의 팬데믹, 공공의 문제이다"라고 했다. 코로나19가 공공의 문제인 것은 한 개인이 해결할 수 있는 문제가 아니라 공공으로만 해결할 수 있는 문제이기 때문이다. 공공성이란 개인적인 측면을 염두에 둔 개념이 아니라 일반 사회 구성원 전체를 염두에 둔 개념이다. 코로나19 상황에서 우리가 해야 되는 사회적 거리두기는 공공성에 근거해야 한다. 공공성이 잘 지켜져야 한다. 만약 공공성이 무너지면 코로나19가 기하급수적으로 확산되는 것은 시간문제이기 때문이다.

중앙재난안전대책본부가 개인 방역 5대 핵심 수칙을 발표했다. 공공성이 뒤따를 때 이 수칙은 효력을 발휘할 수 있다. 5개 수칙은 아래와 같다.

제1수칙, 아프면 3~4일 집에 머물기.

제2수칙, 두 팔 간격 건강 거리 두기.

제3수칙, 손을 자주 꼼꼼히 씻고, 기침은 옷소매에

제4수칙, 매일 2번 이상 환기, 주기적인 소독

제5수칙, 거리는 멀어져도 마음은 가까이

이런 수칙이 잘 지켜지려면 먼저 가질 마음이 공공성에 대한 공감이다.

교회는 과연 공감 능력이 있는가?

21세기 공감의 시대에 교회는 세상과의 공감력이 최상인가? 이 질문에 '예!'라고 대답하기가 어렵다. 사실 교회는 공감력이 최고여야 하는 곳이다. 예수님의 십자가가 최고의 공감을 보여주었기 때문이다. 예수님이 죽어 마땅한 죄인들을 위해 대신 죽으신 것은 공감력이 최상에 있음이다. 코로나19는 교회가 공감에 있어서 최상임을 보여 줄 수 있는 절호의 기회다. 이는 예수님께서 보여주신 십자가의 정신만 있으면 가능하다.

교회는 하나님과의 공감의 좌소이다. 또한 교회는 세상과의 공감의 좌소이다. 인간과의 공감의 좌소이다. 이 좌소를 좌소답게 만들 때 교회의 공감 능력이 최고가 된다. 코로나19를 통해 보여준 것은 교회의 공감 능력이 그리 높지 못하다는 것이다. 하지만 교회가 십자가의 사명을 잘 감당하려면 세상과의 공감도가 높아야 한다. 교회가 세상과 공감을 잘하면 사람들이 복음을 받아들일 마음의 준비를 한다. 또한 공감만 되면 복음의 문은 저절로 열린다.

교인 간의 공감이 먼저다

교회에서 교인 간의 공감은 잘되고 있는가? 교회 간의 공감은 높은가? 그렇다고 말하기가 쉽지 않다. 교회가 세상과 공감이 부족한 것은 먼저 교회 간의 공감이 부족하기 때문이다. 나는 교회 간의 공감이 부족하다고 생각한다. 아니 교회는 다른 교회에 대해 공감하려 하지 않는다.

그것은 '끼리끼리 문화'를 통해 알 수 있다. 끼리끼리 문화는 공감이 거의 없다는 것을 말해준다.

노회 등을 참여해보면 '끼리끼리 문화'가 강함을 알 수 있다. 큰 교회 목사는 작은 교회 목사와 어울리지 않는다. 작은 교회 목사는 큰 교회 목사와 어울릴 틈을 찾지 못한다. '끼리끼리' 어울리기 때문이다. 큰 교회는 작은 교회 목사에게 헌신예배 등에서 설교할 기회를 주지 않는다. 오로지 비슷한 사이즈의 목회자에게만 기회를 준다. 그들이 설교를 잘 하지 못해도 기회를 준다. 이는 '끼리끼리' 문화 때문이다.

만약 교회가 공감이 있다면 큰 교회는 작은 교회 설교자에게 설교할 기회를 많이 줄 것이다. 힘을 주고 격려가 되기 원하기 때문에 기쁘게 초청할 것이다. 교회는 다른 교회에게 공감을 가져야 한다. 그럴 때 교인 간의 공감도 잘 되게 된다. 교회의 사이즈가 아니라, 교회이기 때문에 공감해야 한다. 공감은 한 마디로 상대방에 대해 긍정적인 반응을 보이는 것이기 때문이다. 때로는 격하게 박수를 치는 리액션까지 해주어야 한다. 마지막으로 상대방에게 '힘들었겠구나! 속상했겠다.'라는, 공감할 수 있는 따뜻한 말 한마디를 해주어야 한다.

공감하지 못하면 망한다

21세기, 공감은 선택의 문제가 아니라 필수다. 하나님과만 공감하려 해서는 안 된다. 교회 간에 공감해야 한다. 세상과도 공감해야 한다. 교회가 세상에 대해 공감하지 못하면 교회의 영향력을 미칠 수 있는 공간이 확 줄어든다.

야후와 구글의 차이가 있다. 공감 때문에 한 회사는 망했지만 한 회사는 승승장구하고 있다. 야후는 검색 서비스와 이메일의 유료화, 번잡한 광고, 일방적으로 제공하는 문어발식 콘텐츠 등으로 소비자와 공감이 잘 안되어 점차 소비자들에게 외면을 받았다. 반면, 후발주자인 구글은 이메일의 서비스와 더불어 뛰어난 검색 엔진을 제공하고, 구글 어스를 공개했으며, 유튜브를 인수해 동영상 서비스를 제공했다. 사람들이 원하는 서비스 제공을 통해 공감대를 이끌어냈다.

과거에도 공감이 기업의 사활을 결정했다. 공감이 더욱 중요시되는 언택트 시대에 공감이 성공을 좌우하는 것은 당연하다. 연세대학교 최재붕 교수는 프로그램「다큐 플렉스」에서 언택트 시대에 성공할 수 있는 비결이 공감이라고 말했다. 그는 "킬러 콘텐츠로 공감을 사라"라고 말한다. 더 나아가 언택트시대는 "BTS처럼 공감을 얻으라"라고 말한다. 그의 이야기의 결론은 이렇다.

> "결국 진정성으로 타인의 공감을 얻지 못한다면 킬러 콘텐츠를 만들 수 없다."

공감이 언택트 시대에 삶의 결정권을 쥐고 있다고 해도 과언이 아니다. 그는 언택트 시대 소비 시장에서 성공할 수 있는 비결은 다름이 아니라 마음을 사는 거고, 열광하는 경험을 제공하는 것이라고 말한다. 기업이나 기업가가 공감하지 못하면 생존 자체가 힘들다. 그럼 교회는 다른가? 전혀 그렇지 않다. 그러므로 공감하지 못하면 교회가 세상에 존치할 수 없다는 생각으로 세상과의 공감에 사활을 걸어야 한다.

교회는 공감의 동심원을 그려야 한다

교회는 '공감의 동심원'을 그려 공감을 점차적으로 넓혀 가는 방법을 택해야 한다. 교회의 공감 무기인 십자가로 세상을 향해 '공감의 동심원'을 그려야 한다. 프린스턴대학교 교수인 피터 싱어(Peter Singer)는 '공감의 동심원'을 넓혀 가라고 말한다. 코로나19로 인해 혐오가 깊어지고 있다. 이럴 때 필요한 것은 공감의 동심원이다. 공감의 동심원이란 처음에는 나와 가족(氏族)에 머물러 있었던 공감의 동심원이 시간이 지나면서 마을, 국가, 다른 민족, 심지어 최근에는 동물에게까지 흘러가는 것이다. 교인은 공감의 동심원을 그려야 한다. 사람은 상대방의 입장에서 생각하도록 하는 뇌의 공감 회로가 있기 때문이다.

사람은 본질적으로 공감 신경세포인 거울 신경 세포계를 갖고 태어난다. 거울 신경 세포계는 타인을 직접 보지 못하는 상황에서도 공감할 수 있게 한다. 흰 공막 때문에 타인의 시선을 쉽게 읽는다. 그 결과 상대방이 무엇을 보고 있는지 알게 되면 그 사람의 생각과 느낌을 갖는다. 교회는 공감의 동심원을 그려야 한다. 그리되 넓고 크게 그려야 한다. 교회가 공감의 동심원을 그릴 때, 예수님의 십자가의 사랑이 보태지는 순간 세상에서 교회의 영향력은 강력해진다.

세상과 공감하려면 인문학적으로 접근해야 한다

인문학은 인간 이해에 대한 학문이다. 인간 이해는 신학적으로 접근해도 안 될 것은 없다. 우리가 인문학적으로 접근해야 하는 것은 예수님께서도 인문학적으로 접근했기 때문이다. 교회는 세상과 공감하기 위해 복음이나, 개인 영혼 구원으로 접근하면 안 된다. 그러면 공감이 아니라 거부감을 갖기 십상이기 때문이다. 포스트코로나와 목회연구학회의 『비대면 시대의 '새로운' 교회를 상상하다』에서는 장 칼뱅(Jean Calvin)의 인문학적 중요성을 이렇게 이야기한다.

"16세기 종교개혁운동에 광범위하게 영향력을 미친 칼뱅의 신학은 철저하게 신본주의적 교의학과 경건에 터하고 있지만, 그의 신앙의 역동성과 실천성은 그 당시 시대정신인 인문주의의 관계적 맥락 속에서 해명된다. 즉 칼뱅의 설교가 그의 시대 대중들에게 강력한 호소력을 가질 수 있었던 것은 대중에 대한 이해와 삶의 실제적인 문제에 대해 성서적 답변을 추구하는 사회문화 현상에 민감했기 때문이다."

칼뱅이 사람들에게 호소력을 지닐 수 있었던 것은 인문학적으로 접근했기 때문이다. 그렇다면 우리도 예수님과 칼뱅처럼 인문학적으로 접근해야 한다. 신천지 등 이단들도 인문학적으로 접근한다. 그들이 전도를 할 때 전도 대상자의 입장에 서서 접근한다. 인문학적으로 접근하니 그

동안 소속된 교회에서 한 번도 받아보지 못한 예우를 받게 되어 마음을 열고 이단들의 속임수에 넘어간다고 한다. 비판 대신 공감부터 해주니 관심을 기울일 수밖에 없다는 것이다.

이제 우리도 인문학적으로 접근해야 한다. 먼저 그들의 입장을 헤아려 주어야 한다. 공감을 통해 대화의 물꼬를 터야 한다. 그다음 그들의 영혼에게 파고들어야 한다.

공감해 주니 예수님같이 생각한다

며칠 전에 어떤 분과 대화를 했다. 대화가 상담으로 이어졌다. 나는 상담을 하면 답을 주기 일상이었다. 하지만 공감의 중요성을 깨달은 뒤에는 답을 주지 않고 공감해주려 했다. 그는 자신의 마음이 힘든 것, 그리고 신앙적으로 하나님께 죄송한 점, 하는 일이 잘되지 않아 삶이 힘듦을 이야기했다. 전 같으면 '그러니 더욱더 기도하세요', '말씀 안에서 답을 찾아야 하니 큐티하세요', '주일 예배에 더욱더 마음을 쏟으세요'라고 말했을 것이다. 이번에는 공감만 해주려 했다. 들어주고, 맞장구쳐주고, 공감만 해주었다.

그랬더니 난생 처음으로 이런 말을 들었다. "오늘은 목사님이 예수님과 같이 보여요." 정답을 말해줄 때는 두 번 이상 대화가 이어지지 못했다. 하지만 공감해주니 예수님과 같이 보인다는 놀라운 말을 들었다. 공감이 중요하다. 아니 공감이 답이 된 시대다. 그러므로 공감해 주고자 한다. 공감은 상대방에 대한 배려이자 인정이기 때문이다.

교회의 공감, BTS(방탄소년단)으로부터 배울 필요가 있다

교회는 공감에 최고를 달리고 있는 BTS에게 배워야 한다. 공감을 배울 수 있다면 그 대상이 누구든 그리 중요하지 않다. 공감을 BTS에게 배워야 하는 이유가 있다. 성균관대학교의 최재붕 교수는 언택트 시대에 성공할 수 있는 비결이 BTS에게 있다고 했기 때문이다.

"언택트 시대 성공비결? BTS처럼 공감 얻어야"

2020년 9월 3일 방송된 MBC 「다큐 플렉스」에서는 다큐멘터리 감독 도유진, 유현준 교수, 최재붕 교수가 코로나19 이후 달라질 미래를 조망하고, 앞으로 비대면으로 살아갈 인류 '호모 언택트'의 생존전략을 전했다. 이날 최재붕 성균관대 교수는 언택트 시대 소비 시장에서 성공할 수 있는 비결을 제시했다. 최재붕 교수는 "개천에서 용이 나오는 시대는 가고, 이제는 아무 데서나 용이 나올 수 있는 시대가 됐다. 학벌보다는 실력을 중시하는 사회로 변화하고 있다"라고 밝혔다.

이어 "성공의 비결은 마음을 사는 거고, 열광하는 경험을 제공해야 한다. 이런 걸 킬러콘텐츠라고 한다"라며 전 세계 수많은 아미를 만든 BTS, 유튜브 조회 수 역사상 2위를 기록한 아기상어 등을 예로 들었다. 2020년 11월 2일 '아기 상어'가 조회 수 70억 3700만 건을 돌파해 1위에 올랐다.

그는 "유튜브 조회 수 2위가 61억 뷰의 '아기상어'고 1위는 루이스 폰

시라는 푸에르토리코 가수의 데스파시토(Despasito)이다. 그 가수가 '아기 상어' 회사에 전화해 그 노래를 부르면 안 되냐고 제안했다. 자기 아들이 그 노래를 너무 좋아하기 때문이라고 했다"라고 전했다.

공감을 얻는 BTS는 '다이너마이트'(Dynamite)로 2020년 9월에 한국 가수 최초로 빌보드 '핫 100' 1위에 올랐다. 그뿐 아니라 2주 연속 '핫 100' 정상을 지켰다. 이는 또한 하나의 대기록이다. 그들은 이에 그치지 않았다. BTS 멤버 1인당 가치가 5천억 원 이상이라고 한다. 그들이 빌보드 '핫 100' 1위를 하고 엄청난 가치를 지니게 한 원동력은 공감에 있다. 교회는 세상과 공감하고자 해야 한다. 공감하지 못하면 세상과 끝이기 때문이다.

'온택트(Ontact)' 문화에 뛰어들어라

아직, 온라인 예배가 만족스럽지 못하다

'온택트'라는 단어는 생소하다. '온택트'란 비대면을 일컫는 '언택트 (Untact)'에 온라인을 통한 외부와의 '연결(On)'을 더한 개념으로, 온라인을 통해 대면하는 방식을 가리킨다. 온택트라는 말은 2019년까지만 해도 전혀 모르던 단어였다. 코로나19로 인해 언택트, 온택트, 온라인이란 단어가 일상의 단어가 되었다.

오프라인으로 평생 예배를 드리다가 온라인으로 예배를 드리니 교인들이 무척 당황해한다. 하지만 온라인 예배가 익숙한 교인들도 꽤 있다. 젊은이들과 학생들이다. 코로나19 때에는 온라인 예배가 대세이다. 하지만 온라인 예배가 만족스럽지 못하다. 2020년 9월 4일 청어람(ARMC)에서 '코로나19 이후 온라인 예배'에 관한 설문조사 결과를 분석한 바에 따르면 교인들은 아직 온라인 예배에 적응하지 못한 것을 알 수 있다.

이 설문은 8월 20일부터 26일까지 소셜 미디어를 통해 온라인으로 진행했다. 총 805명의 응답자 중 일반 성도는 71%(576명), 목회자는 23%(188명)였고, 가나안 성도는 5%(40명)였다. 거주지 별로 보면 서울/경기 지역이 66%(531명)로 가장 많았고, 비수도권 26%(209명), 해외 7%(63명) 순이었다. 특이한 점은 신앙 경력이었는데, 96%(773명)가 10년 이상 신앙생활을 한, 비교적 기독교 신앙이 체화된 사람들이라는 점이었다.

이 설문 조사에 따르면 온라인 예배 후의 느낌을 묻는 질문에 관해서 '만족스럽지 않았다'는 응답이 11%(90명), '만족하지는 않았지만 이렇게라도 예배드릴 수 있어서 좋았다'는 응답이 35%(286명)로 46%의 응답자가 만족스럽지 않다는 반응을 보였다. 만족했다는 응답도 50% 정도 되었는데, 22%(180명)는 별 문제 없이 만족한다는 반응을 보인 반면 28%(232명)의 응답자는 충분히 좋았지만 가능하면 오프라인이 좋다는 반응을 보였다. 현 상황에서 아직은 75% 정도의 사람들이 오프라인 예배를 선호하고 있다고 해석할 수 있다.

온라인 예배가 만족스럽지 못할지라도 교인들은 온택트 방식의 온라인 예배를 받아들여야 한다. 이젠 오프라인과 함께 온라인도 하나의 예배 방식이 되었기 때문이다.

세상의 온라인은 역사가 길다: '온라인 대학'

한국방송통신대학교는 100% 온라인으로 수업이 진행되는 대학교다. 이 대학교는 1972년에 시작한 온라인이 강점인 대학교다. 온라인으로 수업이 진행되는 또 다른 대학이 있다. 사이버 대학교다. 사이버 대학교도 고등교육 기관으로 자리를 잡았다. 더 나아가 많은 국내와 해외 강좌들이 온라인으로 진행된다.

마이크로소프트 창업자인 빌 게이츠(Bill Gates)가 후원하는 칸 아카데미(KHAN Academy)는 전 세계 학생에게 양질의 강의를 온라인 방식으로 무상으로 제공한다. 전 세계 명문대의 인문, 사회, 공학, 교육학 등 각 분야의 강의가 각각 3000여 개 넘게 온라인으로 제공된다. 지금은 코로나19로 인해 대학뿐 아니라 고등학교, 중학교는 물론 심지어 초등학교까지 온라인으로 수업이 진행되고 있다.

교회도 많은 강의를 온라인으로 진행한다. 나도 이제 온라인으로 강의를 하고 있다. 효과는 오프라인의 절반도 안 되는 것 같다. 그럴지라도 온라인을 사용할 줄 알아야 한다. 더 나아가 교인과 소통하는 창구로 활용해야 한다.

코로나19 이후에는 언택트가 일상이 되었다

언택트가 일상의 한 부분을 차지하고 있다. 언택트 시대에는 온라인이 오프라인보다 더 큰 역할을 감당하고 있다. 문화일보는 2020년 5월 4일 자 "코로나19 시대의 19가지 뉴 트렌드"라는 기사에서 '언택트가 일상이 될 것이다'라고 했다. 언택트가 일상이 되었기에 삶에서 떼려고 해도 뗄 수가 없다. 코로나19 이후의 미래에는 언택트가 더 많은 비중을 차지할 것이다.

이평상 카이스트 교수는 『코로나19 이후의 미래』에서 이렇게 말한다.

"디지털 영상 미디어 소비 시대가 온다."

아니 디지털 영상 미디어 소비 시대가 이미 왔다. 줌(Zoom)을 예로 들면 어느 정도 알 수 있다. 미국 노스캐롤라이나 대학교(UNCG) 마케팅 전공 부교수인 황지영은 『리스토어』에서 이런 말을 한다.

"상품 구매의 주 채널은 이미 온라인으로 넘어갔으므로 매장의 역할은 변할 것이다. 가격 경쟁에서 오프라인은 인공지능 알고리 즘으로 최저 가격을 책정하는 온라인을 이기기 힘들다. 코로나19 는 언택트로의 이동을 가속화했고 온, 오프라인의 역할이 더 뚜렷 이 구분되는 계기가 되었다. 상품 판매에서 오프라인 매장은 아날 로그적 경험이나 쇼룸 등 브랜드 이미지 구축과 소통의 채널로 활 용되고, 구매는 온라인에서 이뤄지는 식으로 역할이 나뉘는 중인 것이다. 그 과정에서 오프라인 리테일(소매점)의 축소는 부정할 수 없 는 현실이고, 변화는 선택이 아닌 필수가 되었다."

세상은 언택트가 일상이 되었다. 온라인이 대세가 되었다. 그렇다면 교회도 언택트가 일상이 되며 온라인이 큰 역할을 할 수 있는 환경을 속 히 만들어야 한다.

온라인 교회도 어엿한 교회다

언택트 시대에는 온택트 문화가 일상에 깊숙이 개입되어 있다. 그렇다면 교회에도 온택트 문화를 하나의 교회 형태로 받아들일 준비가 되어 있어야 한다. 온택트 문화에서는 교회에 대한 정의도 새롭게 내릴 필요가 있다. 전에 오프라인으로 모이는 교회만 교회였다면 이제는 온라인 교회도 교회로 받아들여야 한다. 100주년기념교회 전 담임인 이재철 목사는 "온라인 예배는 제2의 종교개혁의 도래"라고 까지 말한다. 그 말은 온라인 교회도 교회의 한 형태로 받아들여야 한다는 말이다.

더불어숲동산교회 담임인 이도영 목사의 『코로나19 이후 시대와 한국 교회의 과제-한국 교회, 공교회성과 공동체성 그리고 공공성을 회복하지 않으면 망한다』에서 미국 내 최대 온라인 교회 중 하나인 라이프닷처치(Life.Church)를 소개한다. 라이프닷처치는 1996년 차고에서 시작해 지금은 10개 주에 약 32개 캠퍼스를 두고 있는 대형교회로, 매주 7만 명이 모인다고 한다. 그 밖에 하이랜드 처치가 4만 명, 노스포인트 교회 3만 9천 명, 새들백 교회 2만 5천 명, 갈보리 채플은 2만 5천 명이 모인다.

어떤 사람들은 온라인 교회는 있을 수 없다고 말한다. 온라인 교회는 생각조차 하기 싫다고 한다. 그들은 '온라인 선교회'는 가능할지라도 온라인 교회는 불가능하다고 말한다. 이들의 말도 맞지만 시대의 거대한 흐름을 도외시할 수만은 없다. 코로나19 이후에는 교회가 '오프라인 교회냐? 온라인 교회냐?' 라는 논의는 그다지 의미가 없는 것처럼 보인다. 이미 온라인 교회가 시작되었기 때문이다. 어떤 교회는 온라인으로 연결된 교인도 그 교회의 구성원으로 인정하고 있다. 즉 이미 온라인 교회의 형식을 취하고 있는 것이다.

사람들이 내게 독서하는 방법을 묻는다. "독서를 할 때, 정독을 하느냐 다독을 하느냐?" 그때 내가 하는 말이 있다. "정독이냐 다독이냐가 중요한 것이 아니다. 독서를 하고 있느냐가 중요하다." 마찬가지로 오프라인 예배냐 온라인 예배냐가 중요하지 않다. 교인들이 '예배를 통해 하나님을 만나고 있느냐'가 중요하다. 더 나아가 하나님의 교회이냐가 중요하다.

100여 명이 모인 교회가 코로나19로 인해 온라인 예배를 드렸다. 코로나19 상황이 좋아지면서 다시 오프라인 예배로 드렸다. 그 결과는 참담했다. 예배에 20명이 채 나오지 않았다고 한다. 온라인 예배에 참여한 숫자보다 더 적었다는 것이다. 그만큼 온라인이 대세가 되었다는 말이다.

온라인 교회는 교회가 아니라고 한다

미국 노스캐롤라이나 대학교(UNCG) 마케팅 전공 부교수인 황지영이 『리스토어』에서 한 말은 시사하는 바가 크다.

> "온라인과 모바일 리테일러(retailer, 소매 상인의 총칭으로 상품의 생산자 측에서 보는 백화점이나 전문점 등의 소매업자를 말하는 용어)들이 적극적인 변화를 시도할 때 자신의 기반이 튼튼하다고 믿었던 오프라인 기업들은 다소 안일한 자세를 취했다. 그 사이 전통적으로 오프라인 리테일러가 우세했던 비즈니스 방식의 경쟁 우위는 이미 온라인으로 넘어갔고, 초

저가를 무기로 내세운 몇몇 브랜드를 제외하고는 일반적으로 가격 경쟁력 면에서 온 라인이 앞서 버렸다."

오프라인 가게가 다소 안일한 자세를 취하니 온라인이 앞서갔다고 한다. 그 결과 지금은 온라인이 대세가 되었다. 온라인이 대세인 이때에 어떤 사람들은 온라인 교회가 안 되는 이유만을 열거하기도 한다. 그들이 온라인 교회가 안 되는 이유로 드는 것이 초대교회다. 초대교회부터 교회는 사람들이 한 공간인 가정에 모여서 예배를 드렸기 때문이라는 것이다. 하지만 지금은 초대교회 시대가 아님을 기억해야 한다. 초대교회의 상황과 완전 딴 판이다.

본질인 하나님, 성경, 교회는 변하지 않는다. 하지만 비본질인 교회의 형태는 시대에 따라 변했다. 성경에서도 교회 모습이 시대에 따라 달랐다. 성막, 성전, 회당, 가정교회, 건물 교회로 변모해왔다. 21세기에 도달하자 온라인 교회가 교회의 많은 형태 중의 하나가 될 수밖에 없다. 이를 받아들여야 한다. 받아들이지 않으면 교회의 존재가 미미해질 수 있다.

전문가들은 앞으로도 코로나19와 같은 상황이 이어질 것이라고 한다. 또 바이러스의 습격을 받으면 온라인 예배를 드리지 않을 수 없다. 앞으로 환경 파괴로 인한 바이러스의 습격이 잦아질 것이라고 전문가들은 말한다. 그렇다면 이젠 온라인 교회가 교회의 한 축을 이룰 수밖에 없으리라는 것을 충분히 예측할 수 있다.

전에는 교회가 건물로 이루어졌다면, 이제는 건물만이 아니라 가상공간으로도 이루어져야 한다. 브니엘신학교 총장이자 유유미션-브레드유니버시티 대표인 최덕성 박사는 리포르만다(기독교사상연구원)가 '코로나19와 개혁교회론'이라는 주제로 개최한 제15차 학술회에서 '뉴 노멀 시대와 개혁교회론'이라는 제목으로 발표를 했다. 그 발표의 핵심은 "온라인 교회, 기독교 신앙 본질에 부합"이었다.

그는 "대역병이 가져온 인간 삶의 혁명적인 전환(paradigm shift)은 교회를 향하여 '뉴 노멀' 시대에 부합하는 교회, 새로운 개념의 예배를 요청한다.라며 "기독교가 오순절 날에 출범하여 2019년까지 약 2000년 동안 유지해 온 예배 방식과 신앙생활의 패러다임 전환을 요구한다"라고 했다. 그러면서 "대안은 플랫폼 교회, 온라인 예배-성례-세례-목회이다. 예배당 중심의 집단예배에서 온라인 플랫폼으로 연결된 예배 중심의 신앙생활이다. 온라인 사역에 심혈을 기울이는 목회 시대가 열린 것"이라고 했다.

온라인 교회는 교회가 아닌 것이 아니라 또 다른 교회의 형태다. 완전히 달라진 시대에 존재할 수밖에 없는 온라인 교회가 하나님의 큰 계획 안에 있다고 하면 온라인 교회를 받아들일 수 있고도 남는다.

온라인 교회는 시대에 적합하다
프랑스 역사학자 막스 갈로(Max Gallo)는 이런 말을 했다.

"실오라기 하나로는 카펫 전체의 촉감을 알 수 없다."

코로나19는 혁명과 같은 상황을 가져왔다. 그러면 나타나는 현상이 있다. '익숙함이 사라진다. 과거는 버려지고 새로움이 드러난다' 결국 혁신적인 것으로 삶을 바꿔야 한다. 박희용, 장종희, 양나영, 김세진이 공저한 『언택트 시대 생존 방법-위기를 기회로 바꾸는 성장 마인드셋』에서 언택트 시대에는 코로나19가 창궐하면서 적색경보가 내려지고 경제 순환이 멈춰버렸다고 하면서, '퍼펙트 스톰(Perfect storm)'을 언급한다.

퍼펙트 스톰(Perfect storm)은 미국 경제학자 누리엘 루비니(Nouriel Roubini)가 '초대형 경제 위기'를 지칭해 만든 말이다. 복수의 크고 작은 악재들이 동시다발적으로 일어남으로써 직면하게 되는 절체절명(絶體絶命)의 초대형 경제 위기이다. 원래 퍼펙트 스톰은 위력이 세지 않은 태풍이 다른 자연 현상을 만나 엄청난 파괴력을 가진 태풍으로 변하는 현상이다. 1991년 미국 동부 해안을 강타한 태풍에 휘말린 '안드레아 게일 호'의 실화를 바탕으로 한 영화 「퍼펙트 스톰」에 의해 알려진 용어이다.

독일에서 가장 유명한 경제학자 중 한 명인 다니엘 슈텔터(Daniel Stelter)는 『코로나믹스』에서 코로나19는 경제에 소위 '외생 충격(exogenous shock)'를 주었다고 한다. 즉 경제 환경이 갑자기 근본적으로 바뀌어버렸다는 것이다. 그 결과 이전에 한 번도 없던 불황을 겪게 된다고 한다. 국제 교역이 줄어들고, 이로 인해 국내 및 해외 수요가 감소할 뿐 아니라 수요가 감소하는 방식도 이전과 완전히 달라진다고 한다. 우리가 알고 있듯이 그렇게 활발하던 해외여행은 한 순간에 멈췄다. 마스크를 쓰는 것이 일상의 자연스러운 현상이 되었다.

코로나19는 세상을 컨택트에서 언택트로 바꿔놓았다. 이러한 때에 적합한 교회의 형태는 온라인 교회이다. 2020년의 부동산 가격 폭등으로 이제는 건물을 얻어 개척교회를 하는 것도 불가능에 가까워지고 있다. 하지만 온라인 교회로의 개척은 언제나 가능하다. 재정 때문에 개척이 힘든 현실에 온라인 교회는 적절한 대안이다.

최덕성 박사는 온라인교회, 네트워크교회 시대가 예상보다 빨리 찾아왔다고 하며, 이제 교회는 유비쿼터스(Ubiquitous) 기술과 세계적인 대전염병이 가져온 새로운 일상(new normal)의 만남이 만들어낸 신앙고백공동체라며, 다양한 디지털 기기와 사회소통망(SNS)을 수단으로 교회 네트워크를 형성해야 한다고 했다.

개척이라는 힘든 상황, 그리고 코로나19라는 시대적 상황에는 온라인 교회가 적합하다. 온라인 교회는 언택트 시대에 딱 맞는다. 가상공간을 통해 젊은 사람들도 더 많이 만날 수 있기 때문이다. 최덕성 박사의 말처럼 온라인교회가 기독교 신앙의 본질에서 벗어나지 않는다면 온라인 교회는 선택 사항이 아니라 필수 사항이다. 아니 지금은 온라인 교회를 적극적으로 권장해야 할 시점이다.

사역을 온라인 중심으로 재편하라

온라인 교회만이 아니라 온라인 사역 역시 확대해야 한다. 코로나19로 달라진 일상이 과거로 회귀하지 않기 때문이다.

2020년 4월 3일 통계청이 발표한 2월 온라인 쇼핑 동향에 따르면 온라인 쇼핑 거래액은 11조 9618억 원으로 전년 동월 대비 2조 3545억 원 (24.5%) 증가했다. 2018년 10월(30.7%) 이후 16개월 만에 최대 증가폭이다. 전체 소매 판매액 가운데 온라인 쇼핑이 차지하는 비중도 27.7%로 역대 최고치를 경신했다. 지난해 12월 22.1%, 올해 1월 22.9%에서 한 달 만에 5% 포인트 가까이 급증한 것이다. 또 모바일 쇼핑 거래액은 1년 전보다 31.1% 증가한 8조 1436억 원을 기록했다. 운영 형태별로 살펴보면 온라인 몰 거래액은 8조 5140억 원으로 1년 전보다 34.9% 늘어난 반면 온·오프라인 병행 몰 거래액은 3조 4479억 원으로 4.7% 증가에 그쳤다. 온라인의 역할이 점점 증대됨을 알 수 있다.

세상이 온라인화 되어 가고 있다면 교회도 온라인에 적극적인 동참과 투자를 해야 한다. 코로나19로 인해 오프라인 만남이 힘들어졌다. 그렇다면 온라인으로 교인들과 더 자주 만나야 한다. 오프라인으로 심방을 할 수 없다면 온라인으로 심방을 해야 한다. 구역 모임도 오프라인이 힘든 환경이라면 줌을 활용해 온라인으로 해야 한다. 온라인상에서 구역 공과를 공부한 뒤 상호 간에 기도 제목을 나누고, 온라인상에서 함께 기도할 수 있다. 구역 모임뿐 아니라 교역자가 인도하는 제자훈련, 일대일 성경 공부, 성경 각권 공부, 새가족 교육 등도 충분히 가능하다. 비록 여러 가지 상황이 좋지 않을지라도, 그럼에도 불구하고 온라인을 활용해야 한다.

'다음 세대'에 적극 투자하라

코로나19로 인해 다음 세대가 전멸하고 있다

'다음 세대'는 교회의 미래다. 지금 교회의 미래가 싹이 잘리고 있다. 교회의 상황이 최악이라 할 수 있다. 이런 때에 교회가 더욱 집중할 것은 다음 세대다. 교회는 작금에 다음 세대에 대한 대비책을 세워야 한다. 어린이 전도협회에서 사역하는 목회자는 코로나19로 인해 어린이 전도협회의 사역이 어려움이 도가 넘었다고 말한다. 오프라인 상황에서 원활하던 사역이 온라인 상황에서 원활하게 돌아가지 않기 때문이다.

주위에 다음 세대를 걱정하고 이야기하는 목회자가 꽤 있다. 하지만 말을 들어보면 대안을 갖고 있지 않다. 온라인으로 접촉해야 한다는 것 정도다. 이는 누구나 다 아는 이야기다. 다음세대 전문가라면 지금은 다음 세대에 대한 대안을 마련하고 사역에 집중해야 한다.

다음 세대 사역이 중요한 이유는 코로나19를 지나면서 주일학교가 예상보다 훨씬 어렵기 때문이다. 어떤 주일학교는 출석수가 40여 명이었는데 지금은 출석이 몇 명밖에 되지 않는다고 한다. 온라인으로 여러 가지 활동을 하지만 참석률은 극히 저조하다고 한다. 페이스북에 보니 어떤 교회는 두 가정의 자녀만 주일 학교에 출석했다고 한다.

다음 세대가 심각하다. 권순웅 외 등이 공저한 『코로나 이후, 교회 교육을 디자인하다』에서 주일학교 출석수는 코로나19 이전과 비교할 때 60%대라고 한다. 아트설교연구원 회원들이 사역하는 교회들을 보면, 대구 아름다운교회는 다음 세대가 90% 전후로 출석한다고 한다. 그러나 어느 교회는 20%밖에 출석하지 않는다고 한다. 회원 교회 중 청년부도 100여명 대에서 40명 이하로 줄었다고 한다. 주일학교의 상황이 심각하다. 코로나19를 거치면서 가장 많이 무너진 것이 다음 세대이다.

학교는 대안을 찾고 있다

한림대학교 의과대학 부교수이자 강남성심병원 감염관리실장인 이재갑과 TBS 과학 전문 기자이자 지식 큐레이터인 강양구는 『우리는 바이러스와 살아간다』에서 학교 교실은 감염병 유행에 굉장히 취약하다고 이야기한다. 그 이유는 학생들 수가 많은 전형적인 '3밀' 환경이기 때문이다. 3밀은 '밀폐, 밀집, 밀접!'이다. 학교는 이런 상황에서 오프라인 수업도 병행하며 온라인 수업이 진행되고 있다. 이 책에서는 온라인 교육의 장점을 이렇게 이야기한다.

"온라인 교육을 해 보니까 나름의 장점을 발견한 교사들도 많더라고요. 첫째, 학생의 참여가 늘었습니다. 과거 오프라인 수업 때는 적극적인 소수의 학생만 질문을 던지거나 의견을 말해요. 그런데 온라인 수업에서 메시지, 댓글, 메일 등을 활용하다 보니 그간 나서지 않던 학생까지 참여하게 된 것이죠. 또 학생의 수업 성취도를 교사가 곧바로 확인할 수 있게 된 것도 장점입니다. 온라인 수업을 학생이 진짜로 들었는지 확인하기 위해 수업마다 퀴즈를 풀어서 피드백으로 받는 경우가 많아요. 그랬더니 교사가 자기 수업을 들은 학생들이 얼마나 이해했는지 실시간으로 파악할 수 있게 된 것이죠.”

내 아내도 지금 중학교, 고등학교에서 강사로 강의를 한다. 학교는 온라인 등으로 정상적인 교육 과정을 이행하고 있다. 주위에도 가정 형편이 좋은 아이들은 더 많이 공부에 매진 중이다. 단, 중간 계층이 사라진 것이 문제다. 이 문제는 당분간 해결점이 보이지 않는다. 그래도 학교는 강제성이 있기에 기본적인 교육은 진행이 되고 있다. 문제는 강제성이 없는 교회 교육이다. 오로지 기도할 뿐이라는 말 밖에 할 것이 없을 정도이기 때문이다.

다음 세대에 투자를 아끼지 말아야 한다

다음 세대가 어려우면 가장 먼저 할 것이 투자다. 교회 상황도 좋지 않으니 투자도 쉽지 않다. 코로나19 이후 교회마다 재정에 심각한 문제가 야기되고 있다. 그럴지라도 미래를 보며 다음 세대에 과감하게 투자해야 한다.

내가 교육부서 사역을 할 때 가장 힘든 것이 재정 조달이었다. 재정이 부족해서 언제나 빠듯한 예산으로 부서를 운영해야 했다. 부장이나 부감, 교사들의 도움을 받은 적도 많았다. 그 이유는 교회가 당장 도움이 되지 않는 다음 세대에는 투자를 하지 않기 때문이다. 그래서 연말만 되면 담임목사와 재정부장 장로에게 읍소를 하거나 입씨름을 해야 했다.

한 번도 넉넉한 재정으로 교육 부서를 섬긴 적이 없다. 여름성경학교나 큰 행사는 교사들로부터 재정의 도움이 필수적이었다. 다음 세대에 대해 교회는 분명한 철학을 가지고 있어야 한다. 다음 세대는 투자하는 곳이다. 사람을 키우는 것이 최상의 전도다. 사람을 키우는 것이 최상의 전도라는 것을 안다면 투자해야 한다.

김난도는 『트렌드 코리아 2021』에서 '롤코라이프'를 이야기 한다. Z세대(1990년대 중반에서 2000년대 초반에 걸쳐 태어난 젊은 세대)의 라이프 스타일이 롤러코스터를 타는 것과 비슷하다고 한다. Z세대는 갑자기 뜬 챌린지에 너도나도 몰려든다. 그들은 특이한 것에 반응하며, 색다름을 즐긴다. 얼마 지나지 않아 그 유행이 식어버리면 더 재미난 새 유행을 찾아 나선다. 이는 마치 롤러코스터를 타듯이 삶을 살아간다는 말이다. 그렇다면 교회는 Z세대의 특성과 아이들의 특성을 파악해야 한다. 그들이 왜 그렇게 하는가에 대해 비난하지 말고 특성을 진지하게 관찰한 뒤 그들을 위한 맞춤 목회를 해야 한다.

나의 사명은 사람을 키우는 것이다. 설교자를 키우는 것이다. 어른들은 키우려고 해도 잘 따라오지 않는다. 하지만 어린이들은 조건 없이 따라온다. 그러므로 사람 키우는 것은 어릴 때가 최적이다. 코로나19로 인해 어려움을 겪는 교회는 힘든 상황일지라도 다음 세대를 한 번 더 생각해야 한다. 다음세대는 결실을 얻는 시기가 아니라 미래를 보고 밑 빠진 독에 물을 붓는 때이기 때문이다.

다음 세대 전문가를 키워야 한다

지금은 전문가의 시대다. 전문가의 시대답게 교회는 다음 세대 전문가를 양성해야 한다. 사람들이 돈을 키우려 하지만 사람은 키우려 하지 않는다. 그 이유는 사람을 키우기가 가장 어렵기 때문이다. 사람을 키워놓으면 배반하지 않으면 다행이다. 그래서 옛말에 '머리 검은 짐승은 거두지 말라'고 했던 것이다.

여러 가지 어려움이 있을지라도 교회는 다음 세대 전문가를 키우는 일을 게을리 하지 말아야 한다. 전문가의 시대에, 교회에는 다음 세대 전문가가 많아야 한다. 한스 컨설팅 대표인 한근태는 『일생에 한 번은 고수를 만나라』에서 전문가에 이르는 다섯 단계를 이야기 한다.

첫째, 초심자 단계다. 이 단계는 배운 규칙을 철저하게 지킨다. 상황에 대한 지각이 없고 신중한 판단을 할 수 없는 단계다. 주변을 전혀 보지 못한다.

둘째, 초급자 단계다. 이 단계는 약간의 경험 때문에 상황을 조금 인식한다. 모든 특성이나 측면을 분리하여 생각한다. 옆은 볼 수 있는 단계이다.

셋째, 일정 수준에 오른 단계다. 이 단계는 부분적으로나마 다소 긴 관점에서 본다. 의식적이고 의도적인 계획을 세우고 표준화되고 일상화된 절차를 사용한다.

넷째, 숙달된 단계다. 이 단계는 상황을 총체적으로 본다. 이 상황에서 무엇이 중요한지 안다. 정석에서 벗어난 것을 안다. 상황에 따라 다른 행동 지침을 사용한다.

다섯째, 전문가 단계다. 이 단계는 규칙이나 지침에 더 이상 의존하지 않는다. 깊은 암묵적 이해에 기초해 상황을 직관적으로 파악한다. 진기한 상황이나 문제가 발생했을 때만 분석적 접근을 한다.

교회는 다음 세대 지도자를 전문가 단계에 이르도록 키워야 한다. 만약 전문가가 되었다면 전문가로서 평생을 살아가려 해야 한다. 하지만 교회의 현실은 그렇지 않다. 다음 세대 전문가가 된 다음, 대부분의 전문가는 어른 목회로 전환한다. 그러면 그동안 뿌려놓은 씨앗과 수고와 열매가 모두 헛수고로 돌아가게 된다. 세상의 전문가들은 한 번 어느 분야에 헌신했으면 평생 그 길을 가는 경향이 짙다. 하지만 목회자 사회는 그렇지 않은 것 같다. 다음 세대 사역을 마치 꼭대기에 올라가기 위한 한 계단처럼 여길 뿐이다. 그러니 탁월한 다음 세대 전문가가 나오지 않는 풍토다. 교회는 이 풍토를 바꿔야 한다. 그리고 다음 세대 전문가에 대한 인식이 올라가기 위한 단계가 아니라 정점으로 인식해야 한다.

세상과의 소통을 위한 대안을 가져라

교회는 세상과의 '소통의 달인'이어야 한다

세상이 생각하는 교회의 세상과 소통이 최고로 잘되는 곳이어야 한다. 하지만 세상은 교회가 소통이 아니라 불통이라 생각하는 경향이 짙다. 세상은 교회가 소통의 의지만 있으면 된다고 생각하지 않는다. 반드시 원활해야 한다고 생각한다. 그런데 교회의 소통 방식은 세상과 맞지 않는다. 교회의 소통 방식은 '선포'이기 때문이다. 하나님께서 말씀하시니 들어야 한다는 것이다. 교회의 이런 방식은 과거에는 통했다. 그러나 지금은 통하지 않는다. 소통은 내가 하고 싶은 말을 하는 것이 아니다. 상대방 입장에 서서 듣는 것으로 바뀌었기 때문이다. .

하나님은 소통의 달인이시다. 그 이유는, 하나님은 상대방의 입장에 서셨기 때문이다. 하나님의 소통방식은 십자가다. 이는 철저하게 상대방 위 입장에 서신 것을 뜻한다. 하나님께서 상대방의 입장에서 소통하시는 방법이 성경에 많이 나온다. 그 중 하나가 엘리야와의 소통이다.

엘리야가 로뎀 나무 아래서 극도로 지쳐 있었다. 하나님은 엘리야가 절실한 상황일 때 찾아가셨다. 하나님은 엘리야뿐만 아니라 내게도 동일한 방식으로 찾아오셨다. 하나님은 상대방이 가장 힘들 때, 가장 필요로 할 때 찾아오신다. 그렇다면 우리도 상대방이 필요로 하는 방식으로 소통하려 해야 한다.

하나님은 소통의 달인이시다. 하나님이 소통의 달인이시라면 왜 우리는 소통에 문제가 있는가? 그 이유는 우리의 입장만 생각하기 때문이다. 내 의견을 강요하기 때문이다. 가장 큰 문제는 우리가 하나님의 말씀을 전하니 우리가 하는 말이 하나님처럼 사람들이 받아들일 것이라는 착각 때문이다.

'달인'이라는 말이 교회, 목회자. 교인에게 사용돼야 한다. 하지만 그 말은 능숙한 세상 사람들에게 사용되고 있다. 우리는 소통의 달인이어야 한다. 다른 것이 아니라 세상과의 소통의 달인이어야 한다. 세상과의 소통의 달인이 되려면 먼저 갖출 것이 있다. 바로 '세상'에 대한 긍정적인 마음이다.

세상을 부정적으로 보니 소통에 문제가 생긴다

우리는 세상에 대해 부정적이다. 내가 신학교에서 세상은 마귀와 같다고 배웠다. 그러니 신학을 하면 할수록 세상에 대해 부정적이 되었다. 그리고 세상에 대해 적대적이 되어갔다. 그 결과 세상을 대화의 파트너로 생각하지 않게 되었다. 그저 세상을 내가 하는 말을 받아들이는 대상으로 생각했다. 교회는 성경에 있는 말씀인 "주 예수를 믿어라"는 말을 외치면 세상이 받아들여야 한다고 생각한다. 이렇게 오만불손하게 생각하니 세상이 교회와 상종하고 싶어 하지 않는 것은 당연하다.

신학을 하면 세상을 더욱 좋게 여겨야 한다. 구원의 대상이므로 긍휼의 마음을 품어야 한다. 하지만 반대다. 나의 경험은 반대였다. 나는 신학을 공부하면서 세상을 무시했다. 그리고 세상을 구원의 대상으로만 보았지 긍휼의 대상으로 보지 않았다. 왜 신학을 하면 세상을 무시하게 되는가? 아니 세상을 왜 우습게 보는가? 이는 신학에 문제가 있기 때문이다. 그 결과 신학은 세상을 악의 축처럼 간주한다.

신학을 하면서 늘 마음 한 편에 품은 질문이 있었다. '세상을 적으로 간주하면서 전도는 왜 하라고 하는가?'라는 것이다. 신학을 공부하기 전에는 세상에 대한 눈이 긍정적이었다. 이는 내가 세상에 속하였기 때문이 아니다. 하나님의 사랑의 눈으로 세상을 긍휼히 보았기 때문이다.

신학은 하나님을 더 잘 알도록 공부하는 학문이다. 그렇다고 신학이 세상을 적대시하도록 만드는 학문은 아니다. 내 생각으로는 동시에 세상을 잘 이해하도록 하는 학문이다. 교회가 세상을 적대시한 것은 근본주의 신학과 이원론적인 사고방식 영향 때문이라고 생각된다. 신학을 하면 할수록 세상에 대한 긍정적인 시각과 함께 더욱더 세상과 소통을 잘 할 수 있는 역량을 지녀야 한다.

세상과의 소통이 교회의 핵심 과제다

교회는 하나님, 교인은 물론 세상과의 소통을 핵심 과제로 여겨야 한다. 특히 전도가 교회의 핵심 전략이라면 세상과 소통이 핵심 과제여야 한다. 코로나19로 인해 교회와 세상과의 소통은 더욱더 중요해졌다. 그렇게 된 데는 교인들이 교회가 세상과 소통을 더 잘해야 한다고 인식하는 것도 한몫한다.

2020년 9월 4일 청어람(ARMC)에서 실시한 '코로나19 이후 온라인 예배'에 관한 설문 조사에서 '교회가 가장 신경 쓰고 보완해야 할 점'으로 응답자들은 '사회와의 소통'을 첫 번째로 꼽았다. 응답자 중 55%(446명)가 '사회적 위기에 대처하는 교회의 모습에 대한 의문과 실망'을 신앙생활에 끼친 가장 어려운 점으로 꼽았다. 8%(64명)가 응답한 '교회를 적대하는 사회적 분위기'까지 더하면 총 63%에 해당하는 사람들이 교회가 사회와 더 호흡하고 발맞추어야 한다고 느낀 셈이다.

마찬가지로 '포스트 코로나 시대에 교회가 가장 신경 쓰고 대응해야 할 점'에 관해서도 '사회와의 긴밀한 소통, 섬김, 봉사'를 꼽은 응답자가 27%(224명), '변화에 적응하는 새로운 운영과 혁신'을 꼽은 응답자가 22%(178명)였다. 응답자 중 절반 정도가 교회 내적인 태도보다는 사회 속 교회의 이미지와 역할을 고민하며 사회와 소통해야 한다고 지적한 것이다.

코로나19 시대 한국 교회 신생태계 조성 및 미래전략 수립을 위한 설문조사TF(소강석 대표)와 CBS·극동방송 등 교계 언론 8곳은 '코로나19의 종교 영향도 및 일반 국민의 기독교 인식 조사 결과 보고서'를 2020년 9월 1일 발표했다. 8월 13일부터 20일까지 전국 성인 남녀 1,000명을 대상으로 진행한 이번 설문 결과에는, 최근 연이은 집단감염으로 거센 비판을 받고 있는 교회의 처참한 성적표가 그대로 반영돼 있다.

코로나19 사태에 대한 기독교계의 대응에는 74%가 '전반적으로 잘못하고 있다'고 응답했다. '잘하고 있다'는 응답은 18.7%에 불과했다. 코로나19 이후 교회가 사회를 위해 가장 힘써야 할 활동으로 '윤리와 도덕 실천 운동'(60.6%, 1순위 응답+2순위 응답)을 꼽은 것으로 나타났다. 이어 '사회적 약자 구제 및 봉사'(49.6%), '인권 및 약자 보호 등 사회운동'(22.5%), '정부와 소통'(21.7%) 순으로 나타났다. 설문 조사의 결과를 보아도 교회는 세상과의 소통을 핵심 과제로 두어야 함을 알 수 있다. 문제는 '어떻게 세상과 소통을 할 것인가?'이다. 작가 말콤 글래드웰(Malcolm Gladwell)은 자신의 책 『타인의 해석』에서 타인과의 관계에서 소통의 중요성을 이야기한다. 현대 경영학 창시자인 피터 드러커(Peter Ferdinand Drucker)의 말을 귀담아 들어야 한다.

"소통에서 가장 중요한 것은 입 밖으로 내지 않은 말에 귀를 기울이는 일이다."

교회가 가장 먼저 할 일은 세상의 속마음을 들여다보는 것이다. 그들이 원하는 것이 무엇인지 꿰뚫어 보아야 한다. 우리가 하고 싶은 말이 아니라 그들이 교회에 무엇을 원하는지에 귀를 기울여야 한다.

언택트 시대에 예전과 다른 방식으로 소통해야 한다

세상이 달라졌다. 컨택트 시대에서 언택트 시대가 되었다. 그러면 소통 방식도 달라져야 한다. 언택트 시대에 맞는 소통 방식으로 소통해야 한다. 컨택트 시대에도 쌍방향 소통이 기본이었다. 언택트 시대에는 온라인으로 소통을 한다. 그렇다면 이전보다 더 상대방의 말에 귀를 기울여야 한다.

나는 최근에 와서 줌(Zoom)으로 강의를 하고 있다. 컨택트 상황과 온택트 상황은 소통 방식과 소통의 효율성이 차이가 난다. 줌(Zoom)으로 하는 소통 방식의 효율성은 컨택트 상황보다 훨씬 힘들다. 그렇다면, 온택트 문화 방식으로 소통을 하지 말아야 하는가? 아니다. 둘은 그저 차이가 날 뿐이다. 단지 더 효율적으로 소통하기 위해 방안을 모색해야 한다.

컨택트와 온택트는 효율적인 면에서 차이가 크다. 컨택트와 온택트는 효율에 따른 각각의 장점이 다르다. 온택트가 효율적인 것은 출퇴근 시간 감소(28.8%), 감정 소모 감소(16.8%), 편안한 근무환경(16.1%) 등이다. 온택트 업무가 비효율적인 것은 협업 시 소통의 어려움(23.7%), 빠른 피드백 불가(18.8%), 업무 긴장감 하락(12.7%) 등이다.

온택트로 하는 커뮤니케이션은 컨택트보다 효과가 떨어진다. 대면으로 만날 때와 비대면으로 사람을 만날 때 감정적인 면에서도 차이가 꽤 나기 때문이다. 그 중 가장 큰 차이가 나는 것은 생생함이다. 비대면으로 소통을 하고자 하면 생생함이 많이 떨어진다. 결국 비대면은 대면보다는 소통이 힘들다. 비대면이 대면에 비해 가장 아쉬운 부분은 바로 집중도다. 비대면은 대면으로 하는 것보다 집중력이 확 떨어진다. 보이지 않는 공간에서 자신이 하고 싶은 것을 편하게 하기 쉽기 때문이다.

언택트 시대에는 소통할 때 비대면 상황이 많아지므로 상대방에 대해 좀 더 세심해야 한다. 상대방의 말에 대한 이면까지 파악하려고 해야 한다. 즉 더 많은 신경을 써야 한다. 만약 소통이 원활하지 않으면 한 번 더 확인하고 관심을 기울여야 한다. 상대방의 관심은 물론, 감정까지 살피면서 소통해야 한다.

세계를 목표로 소통하고자 하라

언택트 시대의 소통은 영역이 같은 언어만 사용하는 사람이 아니라 다른 언어를 쓰는 사람에게까지 확대되었다. 이는 우리말로 말하는 순간 외국어로 즉각 번역이 되는 시대이기 때문이다. 그러므로 소통 지역을 세계로 넓혀야 한다. 소통에 인종을 뛰어넘어야 한다. 언택트 시대에는 소통의 장이 무한대로 확대되었다. 그래서 자기만의 남다른 콘텐츠가 있다면 사역의 장이 무한대가 될 수 있다.

나의 사역이 무한대로 펼쳐지고 있다. 전에는 내 몸이 따라가야 사역이 가능했다. 이젠 내 몸이 가지 않아도 사역을 할 수 있다. 온라인으로 하니 서울, 대구, 익산 등으로 가지 않아도 된다. 안방에서 전 세계와 소통이 가능하다. 언택트 시대에 사역의 장이 확장되니 이젠 지방에 있는 목회자는 물론 외국에 있는 목회자와의 만남도 가능해졌다.

언택트 시대는 교회의 소통 영역을 전 세계로 확장할 수 있는 기회다. 그러므로 소통의 장을 내가 거주하는 지역만이 아니라 중국, 일본, 베트남, 인도네시아, 인도, 미국, 유럽, 남미, 아프리카 등까지 넓혀야 한다. 그리고 그런 사역을 하려고 준비하고 실천해야 한다.

세상을 감동시킬 수 있는 교회로 거듭나라

교회는 세상을 감동시켜야 한다

앞에서 교회는 소통의 달인이 되어야 한다고 했다. 더 나아가 교회는 감동의 달인이어야 한다. 만약 감동을 줄 수 없다면 교회라 할 수 있는 가? 질문해 봐야 한다. 하나님은 세상에 감동을 주셨다. 아니 감동을 지나 졸도하게 하셨다. 십자가로 인간들이 한 번도 경험하지 못한 구원의 길을 터 주셨다.

이젠 교회 차례다. 교회는 하나님의 은혜가 머무는 곳이기 때문이다. 하나님의 은혜가 머물면 졸도는 못 시켜도 감동은 당연지사다. 교회가 사람을 감동시키는 것이 사명이라면, 언택트 시대에 교회는 더욱더 사람을 감동시켜야 한다.

감동시키지 못하면 감동 파괴가 뒤따른다

교회는 세상을 감동시키고 있는가? 그렇지 않은 것 같다. 교회는 하나님만을 감동시키고 있다. 신학을 통해 하나님만 감동시키는 것을 배웠기 때문이다. 목회자들을 가르치다 보면 하나님만 감동시키면 된다고 생각한다. 그 결과 인간적인 색채가 드러나면 이상하게 몰아붙인다.

교회는 하나님을 감동시켜야 한다. 그리고 세상도 감동시켜야 한다. 세상을 감동시키면 나타나는 것이 있다. 교회 신뢰도의 상승이다. 그러나 현실은 감동을 주는 것이 아니라 감동을 파괴하고 있다. 그러자 교회의 미래를 짊어질 젊은이들이 교회에 실망해 교회를 떠나고 있다.

청년사역연구소(대표 이상갑 목사)는 '코로나19 시대에 한국 교회 어떻게 할 것인가?'라는 설문 조사를 했다. 이 조사에서 청년 대학생 의식 조사 결과 드러난 코로나 시대의 문제점 7가지를 발표했다.

첫째, 가나안 성도 현상이 가속화되고 있다.

둘째, 청년 대학생들의 교회에 대한 부정적 이미지가 증가하고 있다.

셋째, 명목상의 신자가 증가하고 있다.

넷째, 영적 허약체질의 실체가 드러나고 있다.

다섯째, 빈부 양극화가 심화되고 있다.

여섯째, 예배를 드리지 않는 청년들이 증가하고 있다.

일곱째, 사회적 이슈에 부적절한 반응으로 부정적 이미지가 각인되고 있다.

코로나 시대에 교회가 문제가 많으니 젊은이들이 교회에 실망을 한다. 교회가 세상을 감동시키지 못하니 교인 숫자가 급격하게 줄어들고 있다. 2019년도에 합동 교단은 교인이 약 10만 명 줄었다고 한다. 전년도에 비해 3.8%가 감소한 것이다. 예장 통합도 합동 교단만큼은 아니지만 교인 수가 크게 줄었다. 전년도에 비해 4만 7천여 명이 줄었다. 이는 전년 대비 1.85% 줄어든 숫자다.

이상한 것은, 교회 수, 교인 수, 장로 수, 강도사 수, 전도사 수는 줄었는데 유독 목사 수만 늘었다는 것이다. 이는 교회의 미래가 암울함을 말해준다. 코로나19를 겪은 2020년도에는 더 많이 줄어들 것이 예상된다. 사람들이 교회에 큰 실망을 했기 때문이다.

감동 포인트를 찾으면 신뢰가 회복된다

연어는 모천회귀를 한다. 강에서 부화한 어린 연어는 드넓은 바다에서 오랜 시간을 지낸다. 3년에서 6년이 지나면 강에서 태어난 어린 연어가 바다로 갔다가 자신이 태어난 곳을 잊지 않고 다시 찾아온다. 태어난 강으로 돌아와 어미처럼 알을 낳는다. 연어는 폭포를 뛰어넘고 물살이 센 강을 온 힘을 다해 거슬러 올라간다. 올라가다 몸과 지느러미에 상처를 입는다. 기력이 다 되며 탈진한다. 연어는 자신이 태어난 곳에 도착하면 아무것도 먹지 않은 채 산란 자리를 만든다. 이때가 되면 암컷 연어와 수컷 연어는 더 이상 움직일 힘도 없다. 하지만 마지막으로 할 일은 알을 낳는 것이다. 산란 후 암컷은 상처와 체력 소모로 죽고, 수컷도 1주일

내로 죽는다. 이런 연어 이야기는 감동에 감동을 준다.

사람들은 대화 중 웃음 포인트를 찾고 웃으려 한다. 교회는 세상에 감동 포인트를 만들어 감동을 줄 수 있어야 한다. 만약 감동 포인트가 없으면 사람들에게 실망만 안겨 준다. 더 나아가 실망을 넘어 외면을 받게 된다. 교회는 감동 포인트를 만들어 세상에 신뢰를 줄 수 있어야 한다. 김형석 연세대학교 명예 교수는 『기독교 (아직) 희망이 있는가?』에서 이런 말을 한다.

> "3.1운동 전후에는 크리스천들이 역사의 현재선(線)보다 앞서 있었다. 국가와 민족을 위해서 애국심도 일반인보다 앞서 있었다. 크리스천의 70% 정도는 역사를 이끌고 선도해갈 위치에 있었다. 그런 현상은 내 주변에서도 흔히 발견할 수 있었다. 그러나 최근에는 종교인보다 일반인이 사회적으로 성장하고 각계에 진출하는 비중이 더 높아지고 있다. 전에는 예수 믿는 사람들을 본받아야 한다는 말을 자주 들었는데 지금은 양심적이고 지적 판단이 앞서는 사회인들이 더 늘어나고 있다. 기대와 존경의 대상이 바뀌고 있는 것이다."

교회가 양심적이고 지적 판단이 앞서는 사회인들보다 못하다. 교회가 감동 포인트보다는 실망 포인트만 주고 있다. 이제는 교회는 속히 사람들에게 감동을 줄 수 있는 포인트를 만들어야 한다. 그렇지 않으면 세상으로부터 외면이 아니라 무시를 당하게 된다. 그러므로 이제부터라도 심기일전하여 감동과 존경을 받을 수 있는 모습을 가져야 한다.

세상과의 관계를 중시하라

경기도에 소재한 산본교회 이상갑 목사가 대화중에 이런 말을 했다.

"목회는 '관리'가 아니라 '관심'을 지나 '관계'로 나아가야 한다."

예전에 목회는 '핸들링' 즉 '관리'라고 했다. 시스템으로 교회를 운영하는 것을 목회라 했다. 코로나19 이후 목회는 관리 목회로 되지 않는다. 마음이 담긴 깊은 관계를 맺을 때 목회가 된다. 즉 피상적인 관계를 벗어버리고 진심이 담긴 관계로 탈바꿈해야 한다.

하브루타교육문화연구소 소장인 이성준 목사는 한국 하브루타와 유대인 하브루타의 큰 차이점이 있다고 한다. 한국 하브루타는 하브루타를 성적 올리는 데 사용하지만 유대인 하브루타는 관계로 나아간다고 한다. 정통 하브루타는 일시적인 성적 올리기가 아니라 좋은 관계를 만드는데 활용된다고 한다.

목회는 관리가 아니다. 삶을 함께 나누는 것이다. 목회는 관리로 그치면 안 된다. 그러면 세상과 별다를 바가 없게 된다. 교회는 세상과 좋은 관계가 될 때, 미래가 희망적이다. 언택트 시대에는 어떤 것도 관리로 그치면 안 된다. 교회는 교인이나 세상과 관리가 아니라 좋은 관계를 맺는데 지향점을 두어야 한다.

공감하려면 '읽는 능력'이 탁월해야 한다

공감하려면 마음을 읽을 수 있는 능력이 우선되어야 한다. 영국의 수상 윈스턴 처칠(Winston Leonard Spencer Churchill)은 제2차 세계대전에서 영국을 공격하고 점령하려는 히틀러의 야욕을 무너뜨린 위대한 수상이다. 반면, 처칠 전의 수상이었던 네빌 체임벌린(Arthur Neville Chamberlain)은 히틀러와의 면담 후에 독일은 전쟁을 일으키지 않을 것이라고 주장했다. 그때도 처칠은 과거 독일이 영국을 공격할 것을 염려해 공군을 강화해야 한다는 의견을 내세웠다. 그러나 이는 정계에서 철저히 무시되었다.

전쟁이 발발하기 전 영국 수상인 네빌 체임벌린은 히틀러의 야욕을 읽지 못했다. 그는 히틀러가 전쟁을 일으키기를 원치 않으며, 평화 교섭에 개방적이라고 보았다. 즉 히틀러의 말이 모두 거짓임을 알지 못했다. 그는 히틀러가 진실을 말하고 있다고 믿었다. 히틀러는 체임벌린과 평화 합의 문서를 작성한 뒤 6개월도 되지 않아 2차 세계 대전을 일으켰다. 한 사람의 마음을 제대로 읽지 못하여 위기를 자초한 것이다.

스웨덴의 노키아도 시대의 흐름과 바뀐 시대에 소비자의 마음을 읽지 못했다는 말이다. 노키아는 1997년 모토로라를 제치고 휴대폰 업체 세계 1위의 자리에 올랐다. 그 뒤 2000년대 중반기까지 노키아가 글로벌 휴대폰 시장의 1위였다. 하지만 2009년 이후 스마트폰 중심으로 급격히 변화하는 시장에 제대로 대응하지 못한 노키아는 2013년 마이크로소프트(MS)에 휴대폰 사업 부문을 매각해야 했다.

교회는 읽기를 잘해야 한다. 사람의 마음 읽기를 잘해야 한다. 시대의 흐름 읽기를 잘해야 한다. 읽기를 잘하는 것이 공감을 잘하는 것이다. 교회가 세상 읽기를 잘하면 세상도 교회를 읽으려 한다. 어떤 곳인지 왜 사람들이 기뻐하는지 읽고자 한다. 교회가 세상을 읽어야 하는 이유는 세상과 공감하기 위해서다. 교회가 세상과 공감할 때 세상 사람들도 비로소 교회의 진면목을 읽게 된다.

'바르게' 할 때, 감동 받는다

교회가 세상에 공감을 주려면 '그르게'가 아니라 '바르게' 해야 한다. 다른 말로 '진실하게', 그리고 '정직하게' 해야 한다. 하나님은 진실하시다. 그럼 교회도 진실해야 한다. 진실할 때 생명력이 길다. 지금까지 한국 교회는 '바르게'보다는 '빠르게' 성장을 추구해 왔다. 언택트 시대는 이 둘을 바꿔야 한다. '빠르게'가 아니라 '바르게'로 가야 한다. '빠르게' 성장이 아니라 '바르게' 성숙을 추구해야 한다.

감동은 '빠르게' 할 때 온다. 하지만 진정한 감동은 '바르게' 할 때 온다. 교회가 '바르게' 하려면 세상의 풍조를 먼저 버려야 한다. 그다음 '바르게' 감동을 주기 위해 하나님 앞에 무릎 꿇어야 한다. 하나님은 언제나 사람들을 '바르게' 감동시키신다. 예수님도 '바르게' 사람들을 구원하셨다. 그렇다면 언택트 시대에 조금 더 늦을지라도, 조금 더 돌아갈지라도 교회는 세상을 정공법으로 '바르게' 감동시켜야 한다.

Chapter 5

언택트의 시대,
온택트 문화를 활용하라

언택트와 교회

언택트 시대에 맞게 사역을 재정의하라

목회 사역을 언택트에 맞춰라

목회가 전에는 컨택트에 맞춰 있었다. 그러나 지금은 언택트에 맞춰야한다. 시대와 환경 그리고 목회 방법이 변했다. 그러면 목회도 언택트에 맞춰야 한다. 경희대학교 비교문화연구소 학술연구교수인 김재인은 『뉴노멀의 철학』에서 20세기를 2019년까지라고 이야기한다. 2000년부터가 아니라 2020년부터를 21세기라고 한다. 그뿐 아니라 코로나19는 '혁명'이라고까지 말한다.

코로나19 이후가 21세기의 시작이자 혁명이다. 그러면 목회는 언택트 상황에 맞춰야 한다. 바뀐 시대 상황에 맞추는 것이 중요하다. 목회자들은 하나님이 변하지 않는다는 것을 알고 있다. 그래서인지 많은 목회자들이 목회 방법도 바꾸지 않으려고 하는 것을 많이 봤다. 교회는 영구한조직이 아니다. 하나님만 영원한 분이시다. 시대가 바뀌면 목회가 바뀌어야 한다. 이미 사람들의 생각과 욕구가 바뀌었기 때문이다.

코로나19 이후에는 바뀌지 않으면 죽는다는 생각으로 목회를 해야 한다. 나는 목회를 20년 이상 하고, 목회자들에게 설교 글쓰기를 10년 이상 가르치면서 변화된 상황을 무시한 목회자가 세상에 영향력을 끼치는 것을 거의 보지 못했다. 제자훈련, 경배와 찬양, 시대에 따른 성경공부도 변화에 맞게 바꾼 목회자들의 몫이었다. 목회자는 말씀이라는 본질을 꽉 붙들어야 한다. 하지만 사회와 변화에 맞게 목회를 해야 한다.

사람들의 기본적인 성향이 있다. 어떤 사람이 달라지면 나도 달라지려 한다. 다른 사람이 앞서 나가면 바짝 그 뒤를 쫓아가려 한다. 자신도 바뀐 것에 동참하고 싶어 한다. 사람은 기본적으로 남에게 뒤처진 것을 용납하려 하지 않는다. 사람은 언제나 앞선 것에 매력을 느끼기 때문이다. 나의 경험으로 봐서 환경에 잘 적응한 교회와 목회자는 앞서나간다. 지금 세상이 언택트로 바뀌었다. 그렇다면 목회자도 언택트에 맞춰 사역해야 한다. 그렇지 않으면 영원히 뒤쳐질 확률이 높다.

대기업 삼성은 언택트에 맞춰가고 있다

기업은 교회보다 항상 빠르게 대처한다. 우리나라 최고의 기업인 삼성은 발 빠르게 움직이며 코로나19에 잘 대처하고 있다. 2020년 9월 24일 삼성전자 최고 경영진인 삼성전자 김기남 부회장(DS 부문장, 반도체), 김현석 사장(CE 부문장, TV·가전), 고동진 사장(IM부문장, 휴대폰·통신장비) 등 최고경영자(CEO) 3인은 직원들에게 '비대면을 통한 협업', '온라인 중심 사업 모델 전환', '5G·IoT

등의 발전 가속', '개방과 협력'을 강조하는 경영 메시지를 전달했다.

김기남 부회장은 "경제성장이 둔화되고 바이러스가 우리 생활의 일부가 돼 모든 삶의 양식이 새롭게 변화하는 뉴 노멀 시대"라며 "백신 완성은 아직 요원하고 생활 속에서 여러 제약으로 장기적 스트레스가 불가피한 상황"이라고 진단했다.

대기업은 변화에 가장 민감하다. 그 말은 변화에 가장 빠른 조직이란 말이다. 대기업 삼성이 변해버린 세상에 적응하고 있다. 그 이유는 다른 기업보다 앞서가야 하기 때문이다. 대기업이 변화를 위해 남다른 노력을 기울이고 있다면 교회는 불광불급(不狂不及: 미치지 않으면 미치지 못한다. 즉 광적으로 덤벼들어야 무언가를 이룰 수 있다는 뜻)의 정신으로 변화를 위해 몸부림쳐야 한다.

교회도 언택트에 맞춰가야 한다

국가, 사회, 대기업, NGO, 소상공인 등도 언택트에 맞춰 나가려고 애쓰고 있다. 교회도 언택트 시대에 맞춰 나가야 한다. 어쩌면 가장 많이 애써야 할지도 모른다. 언택트 시대에 맞춰 나가려는 노력들 중 하나가 청년사역연구소(대표 이상갑 목사)의 사역이다. 이 연구소는 '코로나 시대를 헤쳐 나가기 위한 10가지 제언'을 제시한다.

첫째, 언택트시대에 온택트하고 컨택트하라.
둘째, 콘텐츠에 스피릿을 담으라.
셋째, SNS 사역으로 미래를 여는 길을 내라.

넷째, 온라인 사역을 활성화하고 투자하라.

다섯째, 관리가 아닌 관계요 관심이다.

여섯째, 말씀과 기도의 기본적 사역을 강화하라.

일곱째, 청년을 구체적으로 돕고 섬기는 대안적 공동체 섬김을 하라.

여덟째, 사회의 이슈에 대해서 성경적 관점에서 해석하고 대안을 만드는 수고와 헌신을 하라.

아홉째, 온라인을 오프라인으로 연결하라.

열째, 교회에 대한 긍정적 이미지를 심을 때이다.

교회는 위의 노력으로 애써야 한다. 그리고 교회마다 언택트 시대에 맞추기 위한 원칙과 방안을 마련해야 한다. 이상갑 목사가 말한 세 가지만 봐도 교회가 언택트에 맞춰야 함을 알 수 있다. 그는 "언택트 시대에 온택트하고 컨택트하라"고 한다. 그리고 "SNS 사역으로 미래를 여는 길을 내라"라고 한다. 마지막으로 "온라인 사역을 활성화하고 투자하라"고 한다. 그의 말에 교회는 귀를 기울여야 한다.

전달 구조를 바꿔야 한다

언택트 시대에 맞게 사역을 재정의하려면 목회의 구조를 바꿔야 한다. 그중에서도 전달 구조를 과감하게 혁신할 필요성이 있다. 목회자들에게는 독단적인 면이 꽤 있다. 하나님의 종이라는 명분으로 그렇게 한다. 그러나 목회자는 독단적이면 안 된다. 더욱더 합리적이어야 한다.

코로나19로 인해 헌금이 줄어든 교회들이 부목사, 전도사를 대량으로 해고를 한다. 이런 방식은 곤란하다. 이는 교회의 독단적인 행위이다. 그들의 상황을 살피고 대화를 통해 길을 함께 열려고 해야 한다.

담임 목사가 일방적으로 티타임을 갖는 교회가 있다고 한다. 담임 목사가 공차는 것을 좋아하니 부교역자들도 공을 차야 한다. 일방적인 전달 방식은 이제 그만해야 한다. 티타임을 한다고 그다음에 해야 할 일에 면제되지는 않는다. 할 일이 많은 데도 불구하고 울며 겨자 먹기 식으로 참석을 해야 한다. 담임 목사는 자기 생각에 따라 부교역자를 대하면 안 된다. 자기 생각이 옳다는 방식으로 부교역자에게 강요(?)하는 것은 이제 지양해야 한다.

최근에 기독노동조합 설립이 인가되었다. 기독노동조합은 부교역자 해고 절차가 너무 간단하기 때문에 시작된 것 같다. 엄태근 기독노동조합 위원장은 부목사나 전도사의 해고가 당회장실에 부르거나 전화로 '다른 사역지를 알아보라'는 말로 일방통보가 되고 있다고 말한다. 부교역자들이 갑자기 해고를 당해도 어디에도 이야기할 수 없는 이유는 '노동자'로 인정받지 못하기 때문이란다.

교회의 전달 구조가 바뀌어야 한다. 일방통보식이면 안 된다. 전달 구조가 도리어 사랑의 공동체를 만드는 구조여야 한다. 사랑이 실천되지 않는 구조라면 과감하게 바꾸어야 한다. 그럴 때 언택트가 교회가 세상에 매력을 뿜어낼 수 있는 기회로 자리 잡을 수 있다. 이제 교회와 목회자는 할 수만 있다면 빨리 언택트 시대에 맞게 사역을 재정의해야 한다.

언택트 시대에 맞게 사역을 조정하라

언택트 시대에 맞게 집중할 사역이 있다. 그것은 네 가지다. 질적 성숙, 소그룹, 외부로 눈을 돌리는 것, 접촉을 더 많이 할 수 있는 온라인 사역을 일상화하는 방안을 마련하는 것이다.

양적 확장이 아니라 질적 성숙에 맞춰라

언택트 시대의 사역은 양적 성장이 아니라 질적 성숙에 맞춰야 한다. 이제는 교회가 양적인 성장을 추구할 수 있는 시대가 아니다. 얼마나 더 느리게 숫자를 줄일 수 있을지를 고민해야 하는 시대이다. 사역은 반드시 열매로 나타난다. 그 열매가 많든 적든 나타난다. 열매가 양이 아니라 열매의 질이 어떠냐가 중요한 시대가 언택트 시대다. 언택트 시대에 교회는 두 가지에 초점을 맞춰야 한다.

먼저 생존에 맞춰야 한다. 소멸하지 않고 생존하는 것이 최우선의 과제이다. 다음으로, 생존에 맞추려면 양보다 질을 우선시해야 한다. '일당 백'이란 말이 있다. 질적으로 탁월한 한 명이 백 명의 몫을 감당할 수 있다는 말이다. 생존에 맞추는 것은, 교회가 교인의 숫자가 적어서 문제가 아니라 제대로 된 것이 적은 것이 문제이기 때문이다. 특히, 작은 교회는 제대로 된 교인 몇 명 만 있어도 생존에 그리 어렵지 않다. 알곡과 같은 교인 몇 명이 한 교회를 생존케 할 수 있기 때문이다. 기업도 '일당백'의 인재를 찾고 있다. 인재 한 명이 10만 명을 먹여 살릴 수 있기 때문이다. 언택트 시대의 교회는 인재가 더욱더 중요해졌다. 그러므로 교회는 양적 확장이 아니라 질절 성장에 맞춰 예수 그리스도의 제자 만들기에 심혈을 기울여야 한다.

소그룹에 사활을 걸라

언택트가 우리에게 준 교훈 중 하나는 '소그룹이 답이다'라는 것이다. 소그룹은 어떤 상황에서도 모임을 이룰 수 있기 때문이다. 방역 지침 마지막 단계가 아니면 10명 전후의 모임이 가능하다. 교인 신앙의 질적 성장을 꾀하려면 교회에 좋은 소그룹을 활성화해야 한다. 나는 앞에서 모임 규모를 작게 쪼개라고 말했다. 이 말은 다른 말로 언택트 시대에는 소그룹이 답이라는 이야기다.

전염병이 창궐하면 대면 모임을 할 수 없게 된다. 하지만 10명 이하의 대면 모임은 가능하다. 그렇다면 교회는 10명 미만의 소그룹을 활성화해야 한다. 예전에 3인 소그룹이 있었다. 3인 소그룹이 그때 상황과는 잘 맞지 않았다. 그러나 코로나19 이후의 언택트에는 한 번 고려해 볼 필요가 있는 것이 3인 소그룹이다.

예전에도 교회는 소그룹이 중요했다. 나는 익산 기쁨의 교회 박윤성 목사와 대화중에 한 가지를 물었다. "목사님은 목회에 중점을 두는 것이 무엇입니까?" 그가 두 가지를 이야기해주었다. 하나는 설교이고 또 다른 하나는 소그룹이다. 소그룹은 언택트 시대에 더욱더 중요하다.

2020년 10월 9일에 발행한 목회데이터연구소 주간 리포트(넘버즈 66호)도 비대면 시대에 교회의 공동체성은 '소그룹 활동에 달려있다'라고 한다. 컨택트 상황으로 모임이 쉽지 않은 언택트 시대에는 소그룹 활동을 활성화하는 것이 당연하다, 문제는 소그룹 활동 여부보다 소그룹을 이끌만한 리더가 있는가 하는 것이다.

언택트 시대에는 두 가지가 중요하다. 첫째로, 사람이 중요하다. 둘째로, 온라인 활용도가 중요하다. 삶이 힘들어질수록 중요한 것은 사람이다. 잘 훈련된 사람, 매력 있는 사람, 사람들이 따르는 사람이 중요하다. 이런 리더들을 키울 수 있는가의 여부가 소그룹을 좌우한다.

앞에서도 이야기했지만 언택트 시대에는 더욱더 교인에 대한 교육과 훈련에 집중해야 한다. 지금보다 배 이상 교회 리더 교육과 훈련에 집중해야 한다. 언택트 시대의 답인 소그룹의 성공 여부가 소그룹을 인도할 리더에 달려 있기 때문이다.

교회에 국한된 장소 개념을 깨뜨려라

사역이란 무엇인가? 하나님께서 맡겨주신 일을 하는 것이다. 코로나19 이전에는 사역이라 하면 곧 교회 사역을 의미했다. 그러나 이제는 사역이 교회 사역만으로 국한되면 안 된다. 교회 밖 사역도 사역으로 인정하고 사역 영역을 확장해야 한다. 지금은 사역의 장이 교회는 물론 온라인으로까지 확장되었다. 이제는 교회가 아닌 교회 밖의 공간에서 믿지 않는 사람들을 만날 수 있는 장소를 만들어야 한다. 전통적인 교회 내의 사역에서 과감하게 교회 밖의 사역으로 전환하는 슬기로움이 있어야 한다.

할 수만 있다면 교회 밖의 한 공간을 활용해야 한다. 가정을 오픈하는 것은 결단이 필요하다. 하지만 교회 밖의 한 공간을 만드는 것은 목회 패러다임을 전환까지 해야 한다. 카페 등에서 성경을 공부하거나 상담을 하는 것을 목회로 규정해야 한다. 코로나19로 인해 사람들이 교회 안으로 들어오는 것을 꺼린다. 그렇다면 교회 밖에 한 공간을 마련하는 것은 슬기로운 선택이다. 교회에서 만남이 힘든 상황이 된다면 교회 밖으로 만남의 장소를 변경해야 한다.

장소가 필요한 이유는 두 가지다. 하나는 모임을 위해서다. 또 다른 하나는 교육과 훈련을 위해서다. 교육과 훈련의 장소가 반드시 교회 공간일 필요는 없다. 이제는 모임을 할 수 있는 세상의 수많은 공간을 활용해야 한다.

더 많이 접촉할 수 있는 기회를 만들어라

언택트 시대에 교회는 교인들이 하나님과 더 많이 접촉할 수 있는 시간을 갖도록 해줘야 한다. 영향력 있는 리서치 기업인 바나 그룹(Barna Group)의 대표인 데이비드 키네먼(David Kinnaman)과 기독교 지도자들의 사명을 완수하도록 돕는 컨설팅 기관인 '위즈덤웍스'의 대표이자 '플래닛위즈덤 스튜던트 콘퍼런스'의 창시자인 마크 매틀록(Mark Matlock)은 『디지털바벨론 시대의 그리스도인』에서 미국의 열다섯 살에서 스물세 살 사이의 젊은이들이 일 년 동안 신앙 콘셉트를 소화하는 양이 다른 사람들에 비해 거의 두 배에 달한다고 말한다. 탕자(전에 신자였다가 지금은 신자가 아닌 사람)는 99시간, 유랑민(교회 이탈자)는 104시간, 습관적인 교회 참여자는 291시간, 역동적인 제자는 562시간이다.

교인을 질적으로 성숙시키려면 훨씬 많은 시간을 신앙적인 것에 접촉할 수 있게 해야 한다. 나는 어릴 적에 기독교 신앙인으로 살려면 '그럼에도 불구하고'라는 다니엘과 같은 신앙생활을 해야 한다고 배웠다. 목회자는 교인과 많은 시간을 함께 해야 한다. 할 수만 있다면 더욱더 많은 시간을 교인들과 보내야 한다.

언택트 사역을 일상화하라

전에는 컨택트가 일상이었다. 코로나19로 이젠 언택트가 일상이 되어야 한다. 언택트가 일상이 되어야 하는 것은 과거에 인터넷이 삶 깊숙이 파고들어 일상이 된 것과 같은 이치다. 인터넷이 등장한 이후 인터넷은 삶의 공기처럼 일상이 되었다. 코로나19 이후는 온라인이 일상이 되어야 한다. 그렇다면 사역이 온라인으로 연결되는 것이 일상이어야 한다.

예전에는 예배 중 야외 예배는 행사 중의 하나였다. 마찬가지로 교회의 오프라인 모임은 행사 중의 하나가 될 수도 있다. 그러므로 언택트 시대에 온택트 사역을 일상화해야 한다. 코로나19가 끝난 뒤에도 오프라인 사역보다는 온라인 사역에 더 비중을 두어야 한다. 온라인 사역이 더 광범위하게 사역을 펼칠 수 있기 때문이다. 더 나아가 젊은이들은 온라인 사역이 더 편하기 때문이다.

새로운 문명인 포노 사피엔스 시대가 되었으니 목회자는 온라인 사역으로 전환해야 한다. 성균관대학교 최재붕 교수는 『포노 사피엔스』에서 '포노 사피엔스' 시대는 스마트폰이 '뇌'이고 '손'인 시대라고 말한다. 이는 포노 사피엔스 시대에는 사람들이 스마트폰을 신체의 일부처럼 사용하는 인류가 되었기 때문이다.

사람들은 '지혜가 있는 폰을 쓰는 인간'이 되었다. 더욱이 우리나라는 2018년부터 1인 1스마트폰 시대가 시작되었다. 포노 사피엔스 시대는 거의 모든 일상에서 스마트폰에게 자신의 곁을 내어주고 있다. 또한 인간관계도 변화되어 관계의 대상을 스마트폰으로 대체하고 있다. 그렇다면 스마트폰 의존도가 더욱더 높아진 언택트 시대에는 언택트 사역을 사역의 중심으로 해도 충분하다.

중독 질환 전문 연구 네트워크 '중독포럼'이 국민 1,017명을 대상으로 조사한 '코로나19 전후 음주·온라인게임·스마트폰·도박·음란물 등 중독성 행동 변화 실태조사'를 2020년 6월 30일에 발표했다. 조사결과에 따르면 스마트폰 사용 시간이 증가했다는 응답이 44.3%(조금 늘었다 28.7%·매우 늘었다 15.6%)에 달했다. 한국기독교목회자협의회, 한국기독교언론포럼의 '코로나19로 인한 한국 교회 영향도 조사 보고서(2020.04.09.)에 따르면, 기독교인의 모바일 기기(핸드폰/아이패드/갤럭시탭) 이용이 40.5%, PC(데스크톱+노트북) 이용이 33.0%, TV가 25.6%, 라디오가 0.4%로 나타났다.

이런 상황 속에서 교회는 언택트 시대에 맞게 온택트 중심의 사역을 해야 한다. 사람들은 가정이든, 직장이든, 서 있을 때든, 앉아 있을 때든, 지하철이든 스마트폰을 손에서 놓지 않고 있다. 그러므로 목회자들은 스마트폰을 사용할 수 있는 언택트 사역을 일상화함은 물론 사역의 중심으로 삼아야 한다.

'오프라인 교회'인 동시에 '온라인 교회'여야 한다

'멈춤'의 대안은 온라인 교회다

"오프라인 예배가 없습니다.", "예배는 비대면으로만 진행됩니다." 이런 문구는 교회를 다닌 후 처음 보는 문구였다. 코로나19는 세상에 전에 없던 문구들을 대면하게 해주었다. 이것은 코로나 19가 신앙생활에 엄청난 지각변동을 가져왔음을 말해 준다. 평생 오프라인으로 드리던 예배를 이제는 더 이상 드릴 수 없게 되었다. 반강제적으로 온라인으로 드려야 했다. 코로나19로 인해 교인들이 교회에 발을 들여놓지 못한다. 이는 우리나라만의 문제가 아니라 전 세계 교회의 문제다. 뉴질랜드에서는 확진자가 10명 미만임에도 불구하고 온라인으로 예배를 드린다. 미국도 마찬가지 상황이란다.

코로나19로 '멈춤'이란 단어가 삶의 중심에 들어왔다. 오프라인 교회의 멈춤은 코로나19로부터 생명을 지킬 수 있는 효과적인 방법이었다.

5인 이상 집합금지, 대면 예배 수도권 10%, 비수도권 20% 일부 허용되는 상황이다. 그럼 예배는 오프라인이 아니라 온라인이 대세다. 그렇다면 교회는 오프라인 교회인 동시에 온라인 교회여야 한다. 오프라인 교회가 멈추더라도 온라인 교회는 멈추지 않으므로 온라인 교회를 위한 대안이 세워져 있어야 한다.

하나의 교회 안에 두 개의 교회가 존재해야 한다

한 교회 안에 두 교회가 존재한다. 오프라인 교회와 온라인 교회다. 오프라인 교회와 온라인 교회가 언택트 시대에는 필수가 되었다. 객체 지향 프로그래밍과 사용자 인터페이스의 선구자인 앨런 케이(Alan Curtis Kay)는 "미래를 예측하는 가장 좋은 방법은 미래를 만들어가는 것이다."라도 말했다. 교회는 온라인으로 미래를 만들어가야 한다. 온라인 교회로 미래를 만들어갈 때 미래가 예측된다.

권순웅 등이 공저한 『코로나 이후, 교회 교육을 디자인하다』에서는 새들백교회 릭 워렌(Rick Warren) 목사가 말한 코로나19로 인한 5가지 변화를 이야기한다. 코로나로 인한 변화들 중 눈에 띄는 변화는 온라인 교회가 이제 선택이 아닌 방법의 문제가 되었다는 것이다. 릭 워렌 목사는 온라인 교회는 절대로 불가능하고 비현실적인 일이 아니라고 말한다. 그는 온라인 교회의 필요성에 대해 이렇게 이야기한다.

첫째, Anytime Accessibility(언제든 참여 가능한)이다. 즉 온라인 쇼핑과 모바일 뱅킹처럼 언제든지 교회가 할 수 있어야 한다는 점을 강조한다.

둘째, Real Time Delivery(실시간적 필요제공)이다. 교회는 실시간으로 교인들의 필요를 충족시켜 줄 수 있어야 한다고 말한다.

셋째, Anywhere Availability(어디서든 참여 가능한)이다. 교인이 어디서든 참여할 수 있는 공간적 유동성의 필요를 말한다.

넷째, Interactivity(상호작용을 통한 아이디어 창출)이다. 교회 공동체 내에서 건강하고 활발한 소통으로 인한 교회 변화(상호작용)로 이어진다. 교회에 바라는 것들을 교인들이 요구하고 그들의 피드백에 따라 교회는 반응하여 함께 만들어가는 것이다.

다섯째, Multiple Choices Customization Personalization(개인 맞춤 사역)이다.

만약, 온라인 교회를 하는 것에 망설이고 있다면 당장 과감하게 뛰어들어야 한다. 온라인 교회를 본격화해야 한다. 온라인 교회의 필수성의 대두로 주위 목회자들 중 온라인 교회로 축을 이동한 교회들이 꽤 많다. 그러나 아직까지 온라인 교회 시도에 엄두도 내지 못하는 교회가 더 많다. 친구 중 한 명은 오늘도 온라인 교회에 대해 자기의 견해를 말하며 온라인 교회를 하기 위한 장비를 구입했다고 한다. 그리고 곧 온라인 교회를 시도한다고 했다. 단순히 온라인으로 예배 송출만 하는 것이 아니라 온라인으로 교회를 운영하겠다는 것이다.

2020년 4월 한국기독교목회자협의회의 한국기독교언론포럼에서 전국 기독교인 1,000명을 대상으로 한 온라인 조사에서 온라인 예배에 대해 나온 결과가 있다. 응답자의 46%가 '현장 예배와 비슷했거나 좋았다'라고 했다. 주일성수 인식 변화에서도 23%가 '주일에 꼭 교회에 가서 예배드리지 않아도 된다'라고 했다. 이제 갓 시작된 온라인 예배와 주일성수에 대해 높은 반응은 아닐지라도 어느 정도 긍정적인 반응이다. 그러므로 언택트 시대에는 오프라인 교회는 물론 온라인 교회도 동시에 해야 한다.

온라인 교회는 설교에 초점을 맞춰야 한다

대화중에 친구가 이런 질문을 했다. "언택트 시대에는 설교만 잘하면 되는 것 아냐? 많은 사람들이 다른 이야기를 많이 하는 것을 이해할 수가 없어!" 언택트 시대, 온택트, 문화 즉 온라인으로 연결해야 하는 지금은 탁월한 콘텐츠로 설교를 잘하면 된다. 이는 온라인 교회는 더더욱 말할 것이 없다. 온라인 교회가 핵심으로 삼을 사역은 설교다. 최근에는 온라인으로 복음을 전하는 설교자들이 급속히 늘고 있다. 그들의 사역의 핵심도 설교다. 온라인 교회를 하고자 한다면 탁월한 설교를 한다는 말을 듣기 전에 하는 것은 신중하게 고민해야 한다.

미국은 온라인으로 예배를 드리는 이들이 많아지면서 인터넷 설교자들도 늘고 있다고 미국 크리스천포스트(CP)가 전한다. 미국에 유명한 인터넷 설교가가 있다. 시카고에서 사역 중인 마르쿠스 로저 목사다. 그는 페이스북을 통로로 삼아 설교를 한다. 그의 설교의 영향력은 매우 크다. 그의 설교를 듣는 사람이 무려 80만 명이 넘는다. 그의 설교를 듣는 사람의 수는 새들백교회 릭 워렌 목사보다 많고 조엘 오스틴 목사(110만 명)보다 조금 모자란다.

그가 가장 최근에 올린 말씀을 클릭하면, 글과 함께 동영상이 나온다. 영상은 이미 수백 만 뷰를 기록 중이다. 온라인 목회자들이 온라인으로 설교를 하는 이유가 있다. "오늘날 지구상에는 약 70억 명의 인구가 있다. 그리스도를 알지 못하는 사람이 단 한 명이라도 있다면, 우리의 사역은 끝나지 않을 것이기 때문이다." 온라인 교회를 해야 한다. 온라인 교회를 하려면 설교에 대한 남다름을 갖추는 것이 중요하다. 사람들이 온라인 교회에 설교를 듣기 위해 조회하기 때문이다.

나는 월간 「교회성장」에서 '유튜브전성시대의 설교'에 대한 글 집필을 요청받았다. 이런 글 집필 요정은 이미 설교가 온라인의 대표인 유튜브가 대세가 되었기 때문이다. 그렇다면 설교를 온라인에 맞춰 준비하고 온라인을 활용하려 해야 한다.

유튜브를 적극적으로 활용하라

유튜브가 황금 어장이다

유튜브가 세상을 점령했다고 해도 과언이 아니다. 모든 사람이 유튜브를 하고 있는 듯하다. 과거에 대세였던 네이버, 페이스북, 트위터는 이미 뒤로 밀렸다. 사람들이 모두가 유튜브만 보는 듯하다.

유튜브의 대세를 거스를 수 없다면 이 대세의 흐름에 올라타야 한다. 대세의 흐름을 거스를 수 없었기에 나도 유튜브를 하지 않으면 안 된다는 절박함으로 개설을 했다. 유튜브를 해야 하는 이유 중 하나는 유튜브는 만물박사와 같다고 확신하기 때문이다. 유튜브 안에는 없는 것이 없다. 원하는 것을 찾으면 다 들어 있다.

유튜브로 혼자 공부해 드론 대회에 참가해서 대상을 받은 초등학생이 있다. 이 이야기는 『김미경의 리부트』에 나온다. 초등학교 4학년 학생은 드론 비행 대회에 참가해 자기보다 나이가 많은 대학생 형들은 물론 모든 어른 참가자들을 물리치고 대상을 거머쥐었다. 그 학생은 도시에서 학교를 다니는 학생도 아니었다. 알고 보니 전교생이 14명인 시골 학교에 다녔다. 유튜브를 통해 드론 조작법 등을 독학했다. 이는 유튜브가 주는 영향력이 어느 정도인지 단적으로 말해준다.

원하기만 하면 초급부터 전문가 수준까지 유튜브로 공부할 수 있다. 유명 대학교의 강의나 유명 교수나 강사의 강의도 유튜브에 넘쳐난다. 세계 최고의 강사나, 유명 인사의 강의를 마음만 먹으면 들을 수 있다. 이 황금어장을 지나치는 사람은 없을 것이다. 그러므로 건너뛰지 말고 뛰어들어야 한다.

유튜브를 최대한 활용하라

내가 아는 사람들도 유튜브에 깊숙이 뛰어들었다. 혹자들은 당장 유튜브를 해야 한다고 말한다. 만약 유튜브를 하지 않으면 곧 후회할 것이라고 협박까지 한다. 문제는 유튜브를 누구나 한다고 다 되지는 않는다는 것이다. 유튜브를 했는데 효과를 거둔 사람은 소수다.

KBS 텔레비전 프로그램 중 『다큐 인사이드』가 있다. 방영 주체가 「시청률이 미친 PD들」로 'PART2 매운맛 시대'에서 한 PD는 구독자가 3만 명이었지만 한 PD는 고작 300명이었다. 유명한 유튜버인 '대도서관'은 무려 180만 명이다. 이 프로그램에서 보여주는 것은 방송 프로그램을 엄청나게 많이 만든 PD들도 유튜브에 도전하는 것이 쉽지 않다는 것이다. 즉 방송과 유튜버의 고객이 완전히 다르다는 것이다.

유튜버 전성시대에 걸맞게 유튜브 채널수는 무려 37억 9천만 개나 된다. 그러니 주목받기란 쉽지 않다. 톡톡 튀는 것은 물론, 사람들의 마음을 빼앗을 수 있어야 한다. 사람들이 유튜브를 어느 정도 하는가? 유튜브의 월 방문자는 20억 명이다. 하루 시청 시간은 10억 시간이다. 엄청난 방문자와 시청 시간이다. 전철을 타면 많은 사람들이 주로 유튜브를 시청하는 것을 보면 유튜브의 영향력이 실감 난다.

유튜브를 도전하는 이유는 결국 돈이 되기 때문이다. 유튜브 광고 연매출액은 18조 원이다. 유튜브가 1분에 500시간 분량씩 콘텐츠가 업로드 되는 것은 돈이 되기 때문에 너도 나도 뛰어드는 것도 한몫한다. 국내 이용자 체류시간은 월 469억 분(출처 와이즈앱)으로 상상을 초월할 정도로 많다. 최근에 지인 중 한 명이 유튜브로 700만 원의 수익을 올렸다는 말을 들었다.

유튜브의 핵심 되는 두 가지

좋은 유튜브를 결정짓는 요소는 두 가지다. 하나는 고객이다. 또 다른 하나는 콘텐츠다. 결국 유튜브를 좌지우지하는 것은 고객이다. 고객은 유튜브 선택권을 갖고 있기 때문이다. 선택권만 갖고 있는 것이 아니다. 고객은 광고 시청을 거부하는 선택권도 동시에 갖고 있다. 그러니 유튜브는 고객 수 확보 여부가 성공의 관건이다.

또 하나는 콘텐츠가 중요하다. 콘텐츠가 중요하지만 고객의 마음을 끌어당길 수 있어야 한다. 고객이 관심을 갖지 않으면 천 명을 넘기기도 쉽지 않다. 만약에 고객의 마음을 끌어당길 수 없다면 콘텐츠 선정을 다시 해야 한다.

유튜버는 고객을 확보하기 위한 콘텐츠가 있어야 한다. 다른 사람에게는 없는 나만의 차별화된 콘텐츠로 사람들의 관심을 끌 수 있어야 한다. 콘텐츠는 고객이 눈을 뗄 수 없는 것이어야 한다. 그 이유는 주의 집중하는 시간이 과거보다 크게 줄었기 때문이다. 10년 전, 밀레니얼 세대의 주의력 지속 시간은 20초였다. 요즘 Z세대의 주의력은 불과 8초에 그친다. 그렇다면 더욱더 관심을 끌 수 있는 콘텐츠로 유튜브를 해야 한다.

원칙을 지켜야 한다

동영상이 난무하는 시대에 목회자가 반드시 지켜야 할 것이 한 가지 있다. 그것은 목회자로서의 정체성이다. 목회자가 유튜브를 하면 받는 유혹이 있다. 돈의 유혹이다. 돈이 되는 유튜브를 하고 싶어진다. 그러나 목회자는 돈을 벌기 위한 유튜버가 되면 안 된다. 하나님의 복음을 위한 유튜버가 되어야 한다.

돈을 벌기 위해 유튜브를 하려는 목회자를 만난 적이 있다. 그러나 목회자가 유튜브를 하는 목적은 나의 유익이 아니다. 하나님의 영광이다. 그러므로 돈이 아니라 하나님의 영광을 위한다는 원칙을 지녀야 한다. 목회자가 이런 원칙을 지키면 하나님께서 분명히 사용하실 것이라 믿는다. 그리고 그런 태도가 유튜브 사역에 롱런할 수 있게 만든다.

원칙을 지키는 회사가 각광을 받는다. 그런 회사가 코로나19로 가장 잘나가는 아마존이다. 아마존은 그들만의 경영 원칙을 지키며 운영한다. 경영 원칙을 지키니 코로나19 상황에서도 승승장구한다. 경영 컨설턴트이자 작가인 램 차란(Ram Charan)과 그의 동료 줄리아 양(Julia Yang)은 『포에버 데이 원-위기 때 더 강한 아마존 초격차 시스템』에서 코로나19와 같은 위기 때 더 강한 기업인 아마존을 언급한다. 지금 아마존은 급변하는 시기에도 다른 회사와 격차를 벌이며 더욱 단단해지고 있다고 한다. 그 이유는 아마존의 6가지 경영 원칙을 지금도 지키고 있기 때문이다. 코로나19의 위기 때 일본의 100년 이상 된 '노포(老鋪: 대대로 물려 내려오는 점포)' 기업 무려 579곳이 문을 닫았다. 최근 3개월 간 경기도에서 폐업한 사업체가 3,000개가 넘고 있다. 이런 기업들이 어려운 것은 경영 원칙을 잃어버렸기 때문이 아닌가 생각된다.

아마존의 6가지 경영 원칙은 다름 아닌 '고객에 대한 집착(아마존은 '집착'이라 표현할 정도로 고객 중심 경영을 강조한다)', '지속적으로 인재의 기준치를 높여주는 인재풀', 'AI 기반 데이터 및 측정지표 시스템', '완전히 획기적인 발명 기계', '신속하고 탁월한 의사결정', '영원한 Day 1 문화' 등 6가지다. 아마존의 이 6가지 원칙은 회사를 처음 시작할 때부터 지금까지 지켜지고 있다. 아마존의 CEO 제프 베조스(Jeff Bezos)는 어떤 상황에서도 경영 원칙 6가지를 기준으로 회사를 운영한다. 아마존은 이 원칙 경영으로 세계 최고의 기업이 되었다.

회사도 경영 원칙을 갖고 운영을 한다. 그 경영 원칙을 지켰기 때문에 위기 때에도 빛을 발하고 있다. 그렇다면 목회자도 유튜브를 할 때 원칙을 지켜야 한다. 자신의 유명세가 아니다. 하나님 나라의 복음과 하나님의 영광을 위하는 원칙 말이다.

유튜브도 BTS(방탄소년단)에게서 배워라

전문가들은 유튜브를 배우려면 BTS에게 배우라고 한다. 그 이유는 BTS가 유튜브로 세상에 알려지고 세계 정상에 섰기 때문이다. BTS(방탄소년단)는 제1회 청년의 날에, 청와대에서 청년들에게 희망의 메시지를 전했다. 그들은 그들이 데뷔 초 겪었던 아픔을 이야기했다.

> "작은 회사에서 데뷔해 많은 어려움, 걱정과 맞서가며, 어쩌면 무모하고, 어쩌면 바보 같을 만큼 앞뒤 돌아보지 않고 열심히 했다" 멤버 지민(25·본명 박지민)은 "쉬지 않고 달린 것 같은데, 분명 우리는 열심히 하고 있는데, 참 오랜 시간 동안 제자리였다", "서로 예민해지고 다투고, 지쳐갈 때쯤, 일곱 명이 한자리에 모였다"

이들이 지금은 웃으면서 이야기할 수 있지만 초창기에는 결코 웃을 수 없었다. 그 이유는 BTS가 처음부터 잘 나가는 그룹이 아니었기 때문이다. BTS는 2013년 6월 13일에 7인조 보이 그룹으로 데뷔했다. 소속사는 빅히트 엔터테인먼트다. BTS는 2020년 9월 아이돌그룹 100대 브랜드 평판 1위 그룹이 되었다. '방탄소년단' 이라는 그룹명은 방탄이 총알을 막아내는 것처럼, 살아가는 동안 힘든 일을 겪는 10대와 20대의 편견과 억압을 막아내고 자신들의 음악과 가치를 지켜내겠다는 의미를 담고 있다.

BTS는 2013년 오프라인으로 데뷔를 했다. 하지만 데뷔를 하자마자 놀림감이 되었다. BTS가 데뷔하였을 때 쏟아진 놀림감의 댓글을 보면 알수 있다. "난 또 북한에서 활동하는 소년단인 줄", "남녀공학 이후로 오랜만이네, 방 사장이 팀킬하는 듯", "총알받이냐? ㅋㅋㅋ" 등등이다. 더욱이 지명도가 없으니 대중의 관심에서 멀어져 갔다.

오프라인에서 대중들에게 인지도가 없어서 외면을 받은 BTS는 온라인인 유튜브로 활동 무대를 옮겼다. BTS는 출중한 실력자들로 구성된 팀이었기에 쉽게 좌절하거나 포기하지 않았다. 도리어 피나는 연습에 연습을 더 했다. 그들은 대중들에게 자기들만의 소통 방식으로 다가갔다. 그 결과 빌보드에서 연속 1등을 2회나 한 세계 최고의 가수가 되었다. 2020년 9월 최근 BTS는 신곡 '다이너마이트'가 '빌보드 핫 100' 차트 1위를 기록함은 물론 '다이너마이트'(Dynamite)의 뮤직비디오 유튜브 조회 수가 4억 회를 돌파했다.

BTS는 '아미(ARMY)'라는 팬클럽의 도움을 받고 있다. 그들은 입만 열면 '아미'를 언급하고 감사 인사를 한다. 팬 확보가 얼마나 중요한지를 알기 때문이다. 팬을 확보하는 데는 여러 가지 방법이 있다. 교회는 세상과 다른 가치관을 줄 때 팬 확보가 가능하다. 교회는 아낌없이 줄 때 팬을 확보할 수 있다. 교회는 하나님나라 가치를 추구할 때 팬이 확보된다.

처음 시작을 하면 어려움을 겪는다. 그 어려움을 극복해야 한다. 실력을 쌓고 또 쌓아야 한다. 사람들에게 알려질 때까지 좌절하지 않고 전진해야 한다. 그럼 언젠가는 수고가 헛되지 않을 때가 반드시 온다. 그것이 목회자가 유튜브를 할 때의 자세다.

누구나 쉽게 접근할 수 있는 영상을 만들어야 한다

목회자의 유튜브는 뻔하다. 설교나 강의 정도다. 설교나 강의가 어렵지 않고 쉬워야 한다. 많은 목회자의 설교나 강의가 어려운 경우가 많다. 어쩌면 성경보다 어려운 경우가 많다. 유튜브 영상을 올리려면 쉽게 만들어야 한다.

목회자가 쉬운 동영상을 만들려면 먼저 콘텐츠가 있어야 한다. 그 설교 콘텐츠와 강의 콘텐츠가 쉬워야 한다. 초등학생 5학년 정도가 듣고 이해할 수 있어야 한다. 테드 강연의 경우는 초등학교 6학년 정도 수준의 어휘를 사용한다. 고인이 된 애플의 창업주 스티브 잡스(Steve Jobs)의 프레젠테이션은 초등학교 수준이면 이해할 수 있다. 글이 쉬우니 그가 프레젠테이션을 할 때마다 사람들이 열광을 했다.

목회자의 설교나 강의 수준이 쉬워야 한다. 문제는 쉽게 하는 것이 쉽지 않다는 것이다. 최근에 두 명의 목회자로부터 자신의 글이 어렵다는 말을 들었다. 그는 글을 쉽게 쓴다고 생각했는데 교인들은 설교가 어렵다고 한다는 것이다.

최근에 한 친구의 설교를 다듬어주었다. 친구의 설교가 아주 어려웠다. 친구이기에 애정 어린 한 마디를 해줬다. "글쓰기 연습을 엄청 많이 하면 좋겠다!." 글이 쉬워야 한다. 그럴 때 유튜브에 올릴 동영상이 쉬울 수 있다.

사람들이 좋아하는 유튜브는 재미, 먹방, 자학 하는 등의 동영상이다. 이런 것들은 받아들이기 쉽다. 하지만 설교나 강의 등은 앞의 것들보다 어렵다. 그러므로 글쓰기 연습을 통해 누구나 이해하고 받아들을 수 있는 유튜브를 해야 한다.

교회는 오프라인의 장점을 최대한 살려야 한다

할 수 있다면 오프라인을 강화할 방법을 모색해야 한다

온라인이 중요하다. 그럴지라도 여전히 오프라인도 중요하다. 오프라인만의 강점이 있기 때문이다. 오프라인을 통해 고객에게 어떻게 다가가느냐, 고객에게 무엇을 줄 수 있느냐에 따라 달라지기 때문이다. 미국 노스캐롤라이나 대학교(UNCG) 마케팅 전공 부교수인 황지영은 『리스토어』에서 이런 말을 한다. "오프라인 매장으로서의 성공 여부는 고객에게 전달하는 감성, 경험, 영감 등을 얼마나 구체화하여 구현하느냐에 달려 있다." 더 나아가 그녀는 이런 말을 한다. "오프라인 매장을 '다시 방문하고 싶은 매장'으로 만들라."

오프라인 매장만이 갖고 있는 매력을 줄 수 있다면 오프라인 매장도 여전히 고객의 관심을 받을 수 있다. 그녀는 오프라인이 위기인 것은 사실이지만 첨단 기술과 언택트가 뉴 노멀인 시대에도 오프라인 매장은 그 자체로 고유의 가치가 충분하고, 오프라인만이 충족시킬 수 있는 역할이 있다고 말한다. 그리고 오프라인은 현재도, 미래에도 여전히 중요한 채널이라고 말한다. 그녀는 오프라인 매장이 현재도 그리고 미래에도 여전히 중요한 채널인 이유를 네 가지로 이야기 한다.

첫째, 온라인과 모바일 그리고 언택트와 모바일 결제 등이 대세이지만 통계를 살펴보면 오프라인은 여전히 전체 리테일(소매점)의 근간을 차지하고 있기 때문이다. IBM과 미국 리테일 연합회 공동 조사에서는 Z세대가 밀레니엄 소비자들보다 오프라인 쇼핑 경험을 더 선호하는 것으로 나타났다. 이는 디지털 네이티브인 Z세대가 오히려 오프라인 공간에서의 경험에 대한 니즈가 더 클 수 있다는 점을 시사한다.

둘째, 다양한 온라인 기반 리테일러(소매업자)와 DTC(Direct To Consumer, 소비자 직접 판매)가 적극적으로 오프라인에 진출하는 이유를 생각해 보면 알 수 있다. 왜 오프라인에 진출하는 것일까? 가장 주된 이유는 온라인에서의 한계, 즉 소비자와의 부족한 소통을 극복하기 위해서다. 온라인 영역에 소비자의 데이터가 엄청나게 쌓여 있더라도 소비자들을 360도 이해하기 위해서는 오프라인에서의 직접적인 교감이 필요하다. 또한 오프라인의 매장을 여는 것이 온라인 매출 증가로 연결된다는 '후광 효과' 때문이기도 하다. 후광 효과란 어떤 것에 관한 인상이 다른 것에 대한 인상에 영향을 미치는 효과를 말한다.

셋째, 언택트 시대임에도 오프라인이 중요한 또 다른 이유는 오프라인 경험에 대한 갈망이 사실 인간의 본성과도 깊게 관련되어 있기 때문이다. 쇼핑은 하나의 여정이며, 사회적인 활동이기도 하다. 친구들과 마실 삼아서, 또는 기분전환을 위해서 아니면 단순히 사람들과의 교류를 위해서 그 시간과 공간에서의 경험을 소비하는 경우도 많다. 즉 소비자들이 편리함을 원하지만 실재감 있는 경험에 대한 갈구는 인간의 기본 욕구 중 하나라는 것, 그리고 그런 욕구를 만족시킬 수 있는 존재가 오프라인 공간이라는 점을 간과해서는 안 될 것이다.

넷째, 오프라인은 젊은 소비자들에게도 중요한 리테일 채널이라는 점을 꼽을 수 있다. Z세대의 경우 오프라인 공간에서 물건을 경험해보고 동행과 사회적 교류를 하기 위해 매장을 찾는다.

이런 이유 등으로 전통적으로 오프라인이 강세인 교회도 오프라인을 최대한 활용할 수 있어야 한다. 오프라인 매장이 치유와 휴식, 커뮤니티 공간으로서 충분히 만족감을 높일 수 있듯이 교회는 더욱더 큰 만족감을 줄 수 있기 때문이다.

사실, 교회는 오프라인이 잘 어울린다. 교회는 오프라인이 큰 강점을 지니고 있다. 그 이유는 교회는 하나님과 사람의 만남, 사람과 사람의 만남을 전제로 하기 때문이다. 교회는 교회 공간 아래서 사람들끼리 만나,

하나님의 말씀을 나눈다. 사람들이 교회에서 만나 함께 기도한다. 교회가 계획한 일에 마음을 모아 함께 봉사한다. 이런 만남과 만남을 통한 교제의 기능을 온라인은 결코 대신해줄 수 없다.

교회는 오프라인 모임을 질적으로 그리고 할 수만 있다면 양적으로 증대시켜야 한다. 어떤 교인들은 '코로나 블루'로 심각한 우울증을 겪고 있다. 이런 교인들은 차라리 코로나에 걸리는 것이 낫다고까지 한다. 그것은 만남이 없기 때문에 발생하는 문제이기 때문이다. 교회는 오프라인을 강화해야 한다. 문제는 오프라인에서 교인에게 무엇을 줄 수 있느냐 하는 것이다. 황지원 교수는 남다른 경험을 줄 수 있어야 한다고 말한다.

마찬가지로 교회도 교인에게 남다른 경험을 줄 수 있어야 한다. 교회의 남다름은 하나님의 은혜라는 영적인 경험이다. 교회는 만남이 이루어지는 순간 하나님을 만난 최고의 경험을 줄 수 있어야 한다. 그러면 오프라인 만남은 교인들에게 충분히 매력적으로 어필할 수 있다.

'언택트' 시대에 '컨택트' 만남은 '깊이'가 있어야 한다

코로나19는 교회가 오프라인만으로는 안 되고 온라인도 병행해야 함을 분명하게 보여주었다. 그럴지라도 교회는 오프라인이 강점이다. 그리고 오프라인으로 모일 때의 효과는 온라인과 비교할 수 없다. 국내 1호 스피치 커뮤니케이션 박사이자, 현 KBS 앵커 겸 아나운서인 김은성은 『사장을 위한 언택트 시대의 커뮤니케이션-사장은 이제 어떻게 말하고 무엇으로 소통해야 하는가』에서 이렇게 말한다.

"만남이 줄어들면서 효과적인 커뮤니케이션이나 방법은 역설적으로 막중해진 셈이다."

언택트 시대에는 효과적인 커뮤니케이션이나 방법이 더 막중해졌다. 황금과 같은 만남, 인생을 바꿀 수 있는 만남을 만들어야 한다. 설령, 인생을 바꿀 수 없을지라도 고민과 문제를 풀 수 있는 만남이 되어야 한다. 사람에게는 스킨십, 즉 접촉이 중요하다. 비록 언택드 시대일지라도 접촉이 이루어지는 컨택트 기회가 반드시 필요하다. 언택트 시대에는 만남이 쉽지 않으므로 한 번 만나는 컨택트 만남에 깊이가 있어야 한다.

과거에는 만남의 횟수가 중요했다. 만남이 쉽지 않을 때에는 횟수가 아니라 만남의 질이 중요하다. 다른 곳에서는 경험할 수 없는 영적 체험을 할 수 있어야 한다. 교회의 모임은 영적이지 않으면 만남의 깊이가 실종된다. 그러므로 영적으로 하나님과 깊은 만남이 되도록 만들어야 한다.

육적인 것은 어디서든 채울 수 있다. 정신적인 것도 세상에서 채울 곳이 많다. 하지만 영적인 것은 오직 교회에서만 채울 수 있다. 그러므로 교회가 영적인 채움의 유일한 장소라고 인식되도록 만들어주어야 한다. 그리고 그 만남을 통해 잊을 수 없는 경험을 만드는 기회가 되어야 한다.

오프라인 상의 '만남'은 '또 만나고 싶어야' 한다

사람의 만남에는 두 가지가 뒤따른다. 또 만나고 싶은 것과 만남 자체에 대한 후회다. 교회에서 오프라인 상의 만남 후에는 '후회'라는 단어가 뒤따르지 않아야 한다. 만남 자체가 후회가 아니라 좋은 추억만 가득 담아주어야 한다. 그럴 때 사람들은 교회의 오프라인 모임을 온라인 모임보다 더 선호하게 된다. 오프라인의 만남은 늘 기대한 것 이상이어야 한다. 기대한 것 이상이 될 때, 또 오프라인 만남이 이루어지면 너도 나도 참여하려 한다.

언택트 시대에는 오프라인 만남이 더욱 중요하다. 그 이유는 오프라인 만남을 통해 예수님의 명령을 이룰 수 있는 최적의 상황이 만들어지기 때문이다. 예수님은 우리에게 모든 민족에게 가서 제자를 삼으라(마 28:19)고 하셨다. 제자를 삼으려면 만남이 전제가 된다. 예수님의 제자 삼기는 만남이 전제되어야 한다. 뿐만 아니라 만날 때마다 효과가 톡톡히 나타나야 한다. 만약 만남의 효과가 코로나19 이전과 비슷하다면 그 만남은 지속되지 못할 수 있다. 코로나19 이전보다는 코로나19 이후에 오프라인 만남에서 인생샷 각 이상의 의미를 느낄 수 있어야 한다. 그리고 비록 짧게 만날지라도 그 만남이 만족스러워야 한다.

나 같은 경우는, 누군가를 만났을 때, 만남이 후회스러우면 또다시 만나는 것을 주저하게 된다. 다른 사람도 별반 다르지 않을 것이다. 그러므로 오프라인의 만남이 지속될 수 있도록 의미와 가치는 물론, 또 만나고 싶은 마음이 들게 만들어 주어야 한다. 교회의 오프라인 만남은 마치 추사 김정희의 만남과 같아야 한다. 어깨동무대안학교 교장인 윤은성은 『세상을 바꾼 한국사 역사인물 10인의 만남』에 수록된 추사 김정희의 이야기에서 '만남'에 대해 이렇게 말한다.

"역사의 흐름 속에는 사람들의 만남이 흐른다. 만남은 신비다. 만남은 생명이다. 만남은 만남으로 이어지며, 정신과 사상의 전수가 일어나며, 역사의 물줄기의 방향을 잡아주기도 한다. 세대를 뛰어넘어 만남의 영향력은 지속된다. 어떤 사람이 갑자기 어디서 툭 튀어나오는 것이 아니다. 반드시 그 사람에게 영향을 준 만남이 있다. 금방 보이지 않지만 오래 유심히 보면 그 사람 뒤에 서 있는 만남의 인연들이 보인다."

만남이 역사를 만들어냈다. 교회의 오프라인 만남도 역사를 만들어내야 한다. 특히, 어려움 가운데 만났다면 더욱더 만남이 기대한 것 이상이 되어야 한다. 예배를 통한 만남이든, 기도를 통한 만남이든, 목회자와 교인 간의 만남이든, 교인 간의 교제를 위한 만남이든, 다음에 또 만나고 싶은 만남이어야 한다. 그럴 때 교회의 오프라인 모임이 지속적으로 이어질 수 있다.

오프라인의 기반은 여전히 탄탄하다

"오프라인은 죽지 않는다."

미국 노스캐롤라이나대학교(UNCG) 마케팅 전공 부교수인 황지영은 『리스토어-언택트 시대, 오프라인 기업들의 8가지 진화 전략』에서 이렇게 말한다.

"언택트 시대에도 사람이 오프라인에 대한 갈망은 본성과도 깊이 연관되어 있기에 오프라인이 중요하다."

코로나19 이후로 언택트가 뉴 노멀이 되었다. 뉴 노멀이 온라인이 되었지만 올드 노멀인 오프라인은 고유의 가치와 기능이 여전히 크다. 그 이유는 오프라인만이 충족시킬 수 있는 역할이 있기 때문이다. '아이쇼핑'이란 것이 있다. 눈으로 쇼핑을 하면서 혼자만의 여유로움을 즐길 수 있게 해주는 것은 오프라인에서 일어날 수 있다. 아이쇼핑뿐 아니라 오프라인은 새로운 트렌드의 시험장이 되었다. 사람은 화면으로 본 것보다 직접 눈으로 본 것을 오랫동안 기억한다. 그리고 자기 삶에 더욱 효과적으로 적용할 수 있다. 그러므로 오프라인은 여전히 기반이 튼튼하다.

우리나라가 다른 나라보다 온라인 비율이 가장 높다고 한다. 그래 봐야 아직 절반도 되지 않는 40% 정도이다. 미국은 우리나라에 훨씬 못 미치는 16-17%이다. 이런 통계로 알 수 있는 것은 아직 대세는 오프라인이라는 것이다. 다만 온라인의 추격이 무서울 따름이다. 그럼에도 불구하고 아직 대세인 오프라인이 변화를 추구한다면 충분한 경쟁력이 있다. 그것은 오프라인의 기반이 여전히 탄탄하기 때문이다.

변화가 경쟁력이다

'붉은 여왕 효과'라는 것이 있다. 어떤 사람들이 적자생존의 법칙이 통용되는 사회에서 뒤처지거나 소멸하는 이유는 사람이 변화를 시도하려고 해도 주변 환경이나 경쟁 대상 역시 끊임없이 변화하기 때문이라는 것이다. 그 말은 경쟁 대상보다 더 많이 변화해야 한다는 말이다. 어떤 조직이든 어느 정도는 변화하고 있다. 하지만 '상대방'보다 변화가 더디면 경쟁에서 결코 이길 수 없다.

교회는 기본적으로 보수적이다. 진보적인 세상보다 변화가 더딜 수밖에 없다. 그럴지라도 변화를 꾀해야 한다. 더딜지라도 변화를 시도해야 한다. 우리에게는 하나님의 말씀이라는 세상이 견줄 수 없는 무기가 있기 때문이다. 살아 있는 하나님의 말씀이 있으니 세상보다 변화가 더디어도 경쟁력이 충분하다. 그것은 전능하신 하나님께서 개입하시기 때문이다.

황지영 교수는 『리스토어-언택트 시대, 오프라인 기업들의 8가지 진화 전략』에서 온·오프라인 리테일러(소매업자) 모두 새로운 환경이나 경쟁력을 높이기 위해 최첨단 기술을 도입한 서비스를 개발하는 노력을 한다고 말한다. 문제는 오프라인보다 온라인이 적극적인 변화를 시도한다는 것이다. 반면, 오프라인 리테일러는 기반이 튼튼하다고 믿고 다소 안일한 자세를 취한다고 한다. 변화에 적극적인 것만이 경쟁에서 우위를 점한다. 그러므로 지속적으로 변화를 추구해야 한다.

우리나라의 온라인 마켓인 쿠팡과 마켓컬리는 로켓 배송뿐만 아니라 새벽 배송까지 해준다. 배달의 민족 B 마트는 참치 캔이나 음료수 한 개 등 초소량도 배달한다. 그 결과 쿠팡의 2019년도 연매출은 전년도 대비 64.2% 증가한 7조 155억 원을 기록했다. 이는 롯데마트의 매출 6조

3,000억 원을 처음으로 넘어선 수치다. 이러한 성과의 비결은 지속적으로 변화를 추구했기 때문이다.

온라인은 끊임없이 변화를 추구해 오프라인과의 경쟁에서 승기를 잡고 있다. 그렇다면 교회도 변화를 추구해야 한다. 나의 경험에 의하면 목회를 잘하는 목회자들은 끊임없이 변화를 추구한다.

변화의 속도를 높여라

변화가 경쟁력인 시대다. 그 변화에 중요해진 것이 있다. 바로 변화의 속도다. 기존에는 '속도보다 방향이 중요하다'라고 했다. 이제는 이런 틀이 깨지고 있다. '방향이 아니라 속도다'라고 말하고 있다. 미래학자인 앨빈 토플러(Alvin Toffler)는 『부의 미래』에서 세상의 여러 주체들을 변화 속도에 비유해 분류했다.

> "'기업'이 가장 빠른 시속 100마일(160㎞)로 달리고 있었다. 바로 뒤에는 '시민단체'가 90마일로 질주한다. '노동조합'이 30마일, '정부기관'이 25마일, 더 느리게 움직이는 조직으로는 '학교'가 10마일, '국제기구'는 5마일, '정치조직'은 3마일, '법 조직'은 고작 1마일로 달리고 있었다."

과연 교회는 몇 마일로 달리고 있는가? 정부기관과 비슷하다고 해도 25마일이다. 내 생각으로는 학교와 비슷하거나 더 느리게 달린다. 그럼 고작 10마일이다. 속도 전쟁과 변화의 시대에 교회는 변화를 따라가기에 급급할 뿐이다. 목회자들은 코로나19에서 우리의 대안이 무엇이냐고 물으면 '본질'이라고 말한다. 본질은 교회만이 아니라 세상도 이야기한다. 본질만을 말할 수밖에 없다는 것은 속도 전쟁터에서 교회가 답이 없는 상태로 가고 있다는 말과 같다.

교회는 말씀이라는 본질을 붙잡고 가야 한다. 동시에 변화의 속도에 피치를 올려야 한다. 예전에 교회는 세상을 앞서 나갔다. 앞서 나가니 사람들이 교회에 관심을 기울였다. 결국 교회가 사람들에게 관심의 대상이 된 것은 세상보다 속도가 빨랐기 때문이다. 이를 기억한다면 교회도 속도의 시대에 변화를 위한 속도를 높여야 한다.

전문가 중의 전문가가 돼라

코로나19는 전문가에게 주목하게 만들었다

전문가의 시대다. 코로나19는 전문가가 어느 정도 중요한지를 알려주었다. 그 결과 전문가가 전보다 더 각광을 받고 있다. 코로나19로 예측할 수 없는 상황이 지속되고 있다. 최근 모더나, 화이자 등에서 백신을 만들어 위기를 극복하고 있다. 어쨌든 이 위기를 극복하는데 전문가의 견해가 중시되었다. 백신을 만드는데 전문가의 손길이 필요했다. 그 결과 전문가의 중요성이 더욱 부각되고 있다.

'전문가'란 영어로 'expert'다. 이 단어는 라틴어 'artifex'에서 유래했다. 이 말은 그리스 로마시대에 '숙달된 전문직 일꾼'을 가리키는 말이었다. 예를 들면, 몸 씻겨주는 전문가, 공사장 흙을 파는 전문가 등 노예 신분에 속한 사람들이었다. 이것이 바로 전문가의 어원이다. 그저 단순한 노동자였던 사람들이 이젠 세상에서 학문, 기술 등으로 인정받고 있다. 그 이유는 소위 전문가란 자기 분야에서 타의 추종을 불허하는 사람이기 때문이다.

한국경제신문 코로나 특별취재팀의 『코로나 빅뱅 뒤바뀐 미래』에서는 지금 시대를 '과학의 시대', '전문가의 시대'라고 말한다. 이는 과학에 기반 한 정책이 신뢰를 받으므로 이 시대가 과학의 지식을 갖춘 전문가를 필요하기 때문이다. 「뉴욕타임스」는 이런 기사를 실었다.

> "강의실과 실험실에서 경력을 쌓았던 과학자들이 불확실성의 시대에 가장 신뢰받는 정보원이 됐으며 국가적 영웅으로 떠오르고 있다."

전문가의 시대에 목회자는 목회 전문가다. 전문가인 목회자는 전문가다운 모습을 보여주어야 한다. 아마추어가 아니라 프로다운 면모를 풍겨야 한다.

전문가의 말 한마디에 사람들이 주목한다

코로나19로 인해 연일 전문가들이 부각되고 있다. 감염 전문가, 방역 전문가, 경제 전문가, 시간 관리 전문가 등이 연일 언론에 비추어지고 있다. 한국경제신문 코로나 특별취재팀의 『코로나 빅뱅 뒤바뀐 미래』에서는 코로나19에 잘 대처하고 있는 전 세계의 몇 명의 전문가를 소개한다. 우리나라의 정은경 질병관리청장, 미국의 NIAID 소장인 앤서니 파우치, 중국 공정원 원사인 중난산, 영국 정부 과학기술 수석고문 패트릭 발란스다.

미국의 NIAID(미국 국립알레르기·전염병 연구소) 소장인 앤서니 파우치(Anthony Fauci)가 미국 코로나를 진두지휘한다. 한국은 정치적으로 결단을 내릴 때가 많지만 미국은 전문가의 말이 전적으로 받아들여지기 때문이다. 그가 코로나19 상황에 대해 이런 말을 했다.

"경제활동 재계가 적절한지는 바이러스가 결정한다."

그는 경제를 사람이 결정하지 않고 바이러스가 결정한다고 말한다. 이는 미국의 방역은 물론 경제까지도 그에 의해 움직여지고 있다는 반증이다. 중국 공정원 원사인 중난산은 이런 말을 했다.

"코로나바이러스의 사람 간 감염이 확실하다."

코로나19가 처음에는 어떤 병인지 정확하게 알 수 없었다. 하지만 전문가인 그는 어떤 병인지 알았기에 단정적으로 말할 수 있었다. 그 결과 전 세계 사람들이 코로나 바이러스에 의한 감염이라고 알고 진단 시약과 치료제, 그리고 백신을 만드는 데 열을 올렸다.

코로나19의 백신이 만들어졌다. 다국적 제약회사와 옥스퍼드 대학이 공동 개발 한 아스트라제네카, 미국에서 긴급사용 승인한 백신인 화이자, 1회 접종 가능한 백신인 얀센, CNN에서 실용성이 높다고 인정한 백신인 모더나 등이다. 화이자의 코로나 백신은 그 효과가 90%에 이른다고 한다. 정은경 질병관리청장이 이런 말을 했다.

"안정적 국면 아냐, 지역사회 감염 차단 주력할 때다."

앞에서도 말했지만 우리나라의 코로나19 방역은 정은경 청장에 의해 주도되고 있다. 그녀의 말을 누구나 신뢰하며 따라주었기에 K 방역이 전 세계로부터 찬사를 받을 수 있었다. 영국에서는 과학기술 수석고문 패트릭 발란스가 코로나19의 전문가다. 그가 이런 말을 했다.

"점점 확신 못해, 봉쇄조치는 계속돼야 한다."

그의 말처럼 영국은 봉쇄조치가 이어지고 있다. 그 말에 따를 때 속히 코로나19를 슬기롭게 넘길 수 있다고 믿기 때문이다. 위기의 때는 전문가가 중요하다. 위기를 극복하고자 한다면 전문가의 말을 따르지 않을 수 없기 때문이다. 그 결과 세계는 이들 전문가들에게 코로나19로 인한 지구촌의 심각한 운명을 맡기고 있다. 그래서 오늘도 내일도 전문가들의 입만 쳐다보는 실정이다.

전문가가 정책의 주체일 때 희망이 있다

전문가는 정책의 입안과 실행의 주체가 된다. 세상은 그 전문가의 복안에서 나온 것들을 따라서 한다. 그러나 그렇지 않은 나라도 꽤 있다. 우리나라도 그중 한 나라라고 한다. 임승규 외의 『포스트 코로나-무엇을 준비할 것인가』에는 외국과 비교하여 우리나라의 코로나19 정책의 가장 큰 차이점은 정책의 주체가 전문가 집단이 아니란 것이다. 이는 메르스 사태 때에도 지적되어 왔던 일인데, 비록 질병관리청의 위상을 격상시켰지만 방역대책의 주체가 정치적인 입장이 앞서는 비전문가 집단이라는 점을 매우 아쉽다고 말한다.

반면, 독일은 다르다고 한다. 독일은 감염 통제뿐만 아니라 국민의 이동 제한과 국경 폐쇄 여부 등의 문제를 질병통제기관인 로베르트 코흐 연구소에서 결정하고 진행한다고 한다. 우리나라는 코로나19 초기에 방역 전문가들이 외국에서 들어오는 사람들의 입국을 거부하자고 건의했다. 하지만 전문가가 아닌 정치가들의 입김에 의해 무시되었다. 그 결과 대구 신천지에서 코로나19의 대량 확진자가 발생해 우리나라가 발칵 뒤집어졌었다. 독일만 전문가의 의견을 따르는 것이 아니다. 영국 뿐 만 아니라 프랑스, 스위스 등 많은 유럽 국가도 비슷한 상황이다. 유럽 등은 환자와 의사간의 신뢰가 상당히 두텁기 때문에 환자들이 의료진의 결정에 반발하는 경우가 거의 없다.

코로나19로 인해 전 세계에 팬데믹이 선포되었다. 이젠 경제 분야가 팬데믹 직전이 되었다. 세계가 경제 팬데믹으로 가지 않게 하려면 경제 분야 전문가들의 말에 귀 기울여야 한다. 지금은 경제가 아주 어려운 상황이다. 2008년 경제 위기를 정확히 예측한 누리엘 루비니(Nouriel Roubini) 뉴욕대학교 교수는 야후파이낸스와의 인터뷰에서 코로나19 상황을 이렇게 진단한다.

> "대공황보다 훨씬 더 나쁘다. 경기 침체는 V자도, U자도, L자도 아닌 I자로 올 것이다"

국제통화기금(IMF)도 이미 "1930년 이후 유례없는 경제 위기"라는 표현을 쓰고 있다. 우리나라는 코로나19 위기를 전문가들로 인해 넘기고 있다. 다른 분야도 마찬가지다. 전문가들에 의해 조정되고 정책이 집행되어야 한다. 그럴 때 위기에 대한 희망을 찾을 수 있기 때문이다.

전문가는 센스메이킹(Sense Making)해야 한다

전문가는 남다른 실력을 갖춰야 한다. 그리고 또 한 가지를 갖춰야 하는데 그것은 바로 센스 즉 감각이다. 그 이유는 어려운 상황에서는 더욱더 센스가 필요하기 때문이다. 이런 이유로 전문가는 센스메이킹이어야 한다.

센스메이킹은 예상치 못한 사건이나 불확실성이 높은 사건에 의미를 부여해 상황을 호전시키는 순환과정을 말한다. 센스메이킹 이론은 수년간 경영학에서 주목받아온 이론이다. 이 이론은 조직 심리학자 칼 와이크(Karl Weick) 미시간대 교수를 중심으로 발전해 왔다. 그는 전문가는 센스가 있어야 한다고 말한다. 조직이나 리더가 센스메이킹을 최대한 활용한다면 복잡하고 미래가 불투명한 현대사회에서 살아남을 수 있는 추진력을 얻을 수 있기 때문이다.

센스메이킹을 쉽게 이해하기 위해 인공지능(AI)의 예를 들어보면 쉽게 이해가 된다. 최근 많은 기업이 AI 기술을 도입하려 한다. 그러나 'AI와 인간의 공존이 가능하다'는 의견이 있는가 하면 'AI가 인간의 일자리를 빼앗는다.'는 비판도 있다. AI와 같이 새로운 기술이 나올 때 어떤 요소가 기업 AI경영에 어떤 영향을 미칠지는 경영자도 알기 어렵다. 이처럼 정답을 찾으려 해도 불가능한 상황에서 '의미'를 부여해 주위를 설득하고 행동하도록 하는 것이 센스메이킹이다.

언택트 시대에는 센스메이킹이 절실하다. 문제는 센스메이킹은 데이터로 해결할 수 없다는 데 있다. 레드 어소시에이츠(Red Associates)의 공동 창립자이자 뉴욕 지국장 크리스티안 마두스베르그(Christian Madsbjerg)는 『센스메이킹』에서 이렇게 말한다.

"센스메이킹(Sense Making)은 빅데이터가 알려주지 않는 전략이다."

센스메이킹은 빅데이터가 알려줄 수 없으니 자신의 지식, 경험, 지혜를 활용해야 한다. 센스메이킹의 예로 자주 거론되는 이야기가 있다. 한 등반대가 눈보라를 만나 조난된 상황이었다. 눈보라는 그칠 조짐이 없고 도움을 요청할 곳도 없었다. 주변 상황을 잘 파악할 수 없었기 때문에 등반대는 죽음을 각오하고 있었다. 그러다 한 대원이 주머니에서 산 지도를 발견했다. 지도를 얻은 등반대에서는 리더십이 발동했고 조직도 안정을 되찾았다. 그래서 냉정하게 하산에 필요한 사안들을 정리해 실행에 옮겼고 결국 무사히 생환할 수 있었다. 놀라운 것은 그 대원이 찾아낸 지도는 등반하던 산이 아닌 다른 산의 지도였다는 것이다.

이 사례에서 주목할 것은 망연자실한 포기 상황에서 지도를 얻었다는 사실만으로도 냉정하게 상황을 분석할 수 있는 심리적 안정을 얻었고 구체적 행동에 옮길 수 있었다는 점이다. 지도를 계기로 능동적 의미를 부여하고 조직을 움직여 결국 하산이라는 목적을 성취할 수 있었다.

위기의 때에 전문가는 더욱더 센스메이킹을 갖춰야 한다. 센스메이킹을 갖출 때, 위기의 상황에서 대안을 찾아낼 수 있다. 그리고 어려운 상황을 돌파하게 한다.

목회자는 언택트 시대에 사회에 대한 센스를 갖춰야 한다

제4차 산업혁명 시대다. 이 시대는 인공지능, 5G, 증강현실, 3DP 등이 각광을 받는다. 그 결과 이전의 직업은 사라질 확률이 높다. 대신 마음을 터치하는 직업 등인 센스와 감정, 공감 직업은 더 지속된다. 제4차 산업혁명 시대에는 목회자의 비중이 더 커질 것이다. 그 이유는 세상에서 말하는 센스 즉 영적 영감으로 무장되어 있기 때문이다. 코로나19라는 위기의 때에 목회자가 갖출 것은 영적 센스메이커이다. 영적 센스를 갖출 때 영적 감각으로 대안은 찾을 수 있다. 경영컨설턴트 박경수는『언택트 비즈니스』에서 이런 말을 한다.

"리더십, 센스메이커로 거듭나라"

세상은 물론 교회의 리더십도 센스메이커로 거듭나야 한다. 국내 1호 스피치 커뮤니케이션 박사이자, 현 KBS 앵커 겸 아나운서인 김은성은 『사장을 위한 언택트 시대의 커뮤니케이션-사장은 이제 어떻게 말하고 무엇으로 소통해야 하는가』에서 이렇게 말한다.

"언택트 시대는 센스의 시대다."

센스의 시대라면 목회자도 남다른 센스를 갖춰야 한다. 센스메이킹을 갖출 때, 언택트 상황을 제대로 파악하고 이에 맞게 목회의 원칙과 방법을 찾아갈 수 있다. 목회자가 센스메이킹을 갖춰야 하는 이유는 언택트 시대의 목회는 전보다 더 감정, 공감 등에 초점을 맞춰야 하기 때문이다.

코로나 블루가 급속도로 증가하고 있다. 이럴 때는 더욱더 센스메이킹을 갖춘 목회자가 필요하다. 삶이 힘들고 사회가 복잡해지니 우울증 환자가 증가하고 있다. 진료 받은 우울증 환자 수가 2015년 60만1,152명에서 2019년 79만6,364명으로 증가했다. 치료받지 않고 방치된 환자까지 포함하면 전체 여성의 5~9%, 남성의 2~3%가 우울증으로 고통 받고 있는 것으로 학계는 추정한다.

이에 더해 코로나19의 시간이 지날수록 코로나 블루 환자가 급증하고 있다. 방송에서는 코로나 블루 환자가 거의 5배 증가하고 있다고 말한다. 교인들의 삶이 많이 힘들어진 이때에 목회자는 더욱더 감정과 공감과 관련된 센스메이킹을 할 수 있는 전문가여야 한다.

성경공부의 전문가가 돼야 한다

언택트 시대에 목회자는 성경 연구 전문가가 돼야 한다. 성경 전문가라고 다 같은 성경 전문가는 아니다. 언택트 시대는 이전보다 더 잘 준비된 전문가다운 전문가가 되어야 한다. 왜 목회자가 성경 전문가가 되어야 하는가? 코로나19로 온라인으로 예배를 드리게 되자 교인들이 성경 읽기에 관심이 많아졌다. 그리고 성경을 연구하고 싶은 마음이 더 깊어졌다. 하나님에 대한 갈증이 더 커졌기 때문이다.

콘텐츠 시대에 목회자의 전문성은 각광을 받을 것이다. 교인들의 힘든 삶속에서 말씀 공부를 통해 힘을 얻으려 하기 때문이다. 언제나 교인들은 하나님의 말씀으로 자신이 세상에서 어떻게 살 것인가에 대한 하나님의 뜻을 물었다. 이런 물음이 더 많아질 것이 분명하다. 확 바뀐 시대, 확 달라진 상황에서 하나님께 묻고 싶은 것은 당연하다.

언택트 시대가 되면 목회자가 성경의 전문가가 되되 다른 사람들에게 인정받는 전문가여야 한다. 창세기든, 로마서든, 요한 계시록이든, 사도행전이든 어떤 성경도 탁월하게 가르칠 수 있는 전문가여야 한다. 내가 회원들에게 자주 하는 질문이 있다. "자기 것이 있는가?" 많은 목회자들이 자기 것이 없다. 확실하게 자기 것이 있어야 할 것 중 하나가 성경 전문가다. 성경 책 중 한 권의 성경 전문가가 되면 많은 사람들에게 주목을 받게 된다. 그럼 저절로 성경을 배우고 싶다는 사람들이 나타난다.

먼저 한 권을 연구한 뒤 성경 공부를 인도하라. 인도하면서 다른 성경을 또 연구해야 한다. 그러면 자신만의 성경 연구 전문가가 된다. 전문가가 되면 언택트 시대에 전 세계를 대상으로 하나님께 귀하게 쓰임 받을 수 있는 기회가 주어질 것이 틀림없다.

교회 간의 협력이 필수다

놀라운 일은 협력으로 이루어진다

현 KBS 앵커 겸 아나운서인 김은성은 『인류 최고의 설득술 프렙』에서 '인간은 협력하는 존재'라고 이야기한다.

> "인간이 가진 독특한 특성이 있다. 협력이다. 인간 개개인은 이기적일지 몰라도, 인간이라는 집단 전체를 봤을 때는 '협력하는 존재'로서의 특성을 분명히 가지고 있다."

이어령 교수와 이재철 목사의 대담을 엮은 『지성과 영성의 만남』에서도 '협력'을 강조한다.

> "서로 경쟁하고 죽이는 시대는 간다. 서로 협력하고 사랑하는 공감의 시대가 온다."

21세기는 협력하는 시대다. 코로나19는 협력하지 않으면 안 됨을 보여 주었다. 온 국민이 협력할 때 확진자 수를 줄일 수 있다. 대기업들은 서로 협력함으로 일구어진다. 마이크로소프트는 빌 게이츠와 폴 앨런이 함께 협력함으로 세워졌다. 애플도 스티브 잡스와 워즈니악이 협력함으로 세워졌다. 페이스북도 마크 저커버그, 앤드루 맥칼럼, 더스틴 모스코비츠, 애드와도 새버린, 크리스 휴스 등의 협력으로 세워졌다.

아트설교연구원도 처음에 세 명의 협력으로 시작됐다. 협력하지 않았다면 시작될 수 없었다. 지금도 리더급 회원들의 협력으로 세워져 가고 있다. 더 나아가 협력을 통해 몇 개의 연구소 등이 세워졌다. '아트설교연구원'(대표 김도인 목사), 출판사 '글과 길'(김현수 출판국장), 'DECORUM 연구소'(소장 이재영 목사) 등이 협력을 통해 세워져가고 있다.

협력을 통해 하나의 단체를 만들 수 있었다. 바로 「아레테(Arete)인문학연구회」다. 『문학은 어떻게 신앙을 더 깊게 만드는가』의 저자인 이정일 목사, 그리고 익산 기쁨의 교회 담임인 박윤성 목사와 함께 조직했다. 품는교회 담임이자 NEXT MINISTRY 대표인 김영한 목사는 교회 간의 협력과 목회자 간의 협력을 통해 한국 교회를 세워나가고 있다.

포드에게는 에디슨이, 유비에게는 제갈량이 협력함으로 놀라운 일을 할 수 있었다. 이와 같이 놀라운 일은 언제나 협력을 통해 이루어진다. 그렇다면 교회는 협력을 통해 '협력의 아이콘'이란 별명을 얻어야 한다.

교회 간의 협력이 필수적이다

동물도 협력한다. 인간들도 협력한다. 그렇다면 교회간의 협력은 당연하다. 협력을 통해 놀라운 일을 만들 수 있다면 교회는 협력해야 한다. 그보다 하나님께서 삼위일체로 협력을 통해 지금도 운행하시고 계신다. 그렇다면 교회간의 협력은 기본 중에 기본이어야 한다.

과거나 지금이나 사람은 협력함으로 살아간다. 세계에는 많은 경제공동체가 있다. 유럽 경제 공동체(EU), 아시아태평양 경제협력체(APEC), 동남아국가연합(ASEAN) 등이 있다. 사람들은 과거부터 협력하며 살아왔다. 수렵 채집 사회에서 사람이 혼자 독립적으로 살았다면 100일 중 97일은 빈손으로 돌아와야 했을 것이라고 한다. 하지만 서로의 성과에 의존하는 식량 공유(food sharing)가 이루어짐으로써 굶을 확률을 대폭 줄일 수 있었다.

우리 민족은 협력을 잘하는 민족이다. 두레는 중남부지방 논농사 지대에서 한 마을의 성인남자들이 협력하며 농사를 짓거나, 부녀자들이 서로 협력하여 길쌈을 하던 공동노동조직이다. 어릴 적, 동네 사람들이 협력을 했다. 동네에서 장례를 치르거나 결혼식을 올리면 모든 사람이 나서서 도와주었다.

코로나19로 인해 교회가 어려움에 처해 있다. 어떤 교회는 출석률이 30%, 또 다른 교회는 40% 정도 줄었다. 이럴 때 주위 교회들과 협력해야 한다. 협력할 때 시너지 효과를 발휘할 수 있다. 교회가 협력해야 하는 이유는 초대교회가 협력을 통해 교회의 가장 아름다운 모습을 보여주었기 때문이다. 사도행전 2장에서는 교회 안에서 협력하는 모습이 잘 그려져 있다. 이는 교회 협력의 이상적인 모습이다.

> "믿는 사람이 다 함께 있어 모든 물건을 서로 통용하고 또 재산
> 과 소유를 팔아 각 사람의 필요를 따라 나눠 주며"(행 2:44-45)

초대교회 교인들은 서로 물건을 통용하는 모습을 하나님께서 원하신
다고 생각했다. 그 결과 자신의 재산을 팔아 하나님께 드려 평균케 했다.
지금도 하나님께서는 교회 간의 협력을 원하신다. 그럴 때 위기의 상황
을 극복할 수 있다. 더 나아가 위기의 상황을 기회로 만들 수 있다. 교회
가 위기의 상황을 기회로 만들려면 예수님의 삶을 뒤따라야 한다.

> "인자가 온 것은 섬김을 받으려 함이 아니라 도리어 섬기려 하고
> 자기 목숨을 많은 사람의 대속물로 주려 함이니라"(마 20:28)

예수님처럼 섬김의 자세여야 한다. 그리고 예수님처럼 내 것을 필요한
곳에, 좀 더 어려운 곳에 나누고자 해야 한다.

교회는 하나님과의 협력 정신을 본받아야 한다

하나님께서 원하시는 것은 교회의 협력이다. 교회는 하나님과 협력해
야 한다. 그리고 교회 간에 협력해야 한다. 하나님과의 협력을 잘 보여주
는 것이 여호수아의 정복전쟁이다. 여호수아의 정복전쟁은 하나님께 대

한 순종으로 일구어낸 것이다. 순종에는 하나님과의 협력의 의미가 담겨 있다. 이스라엘은 가나안 영적 전쟁에서 하나님과의 협력을 통해 승리해 땅을 차지했다. 이제 한국 교회 차례다.

교회가 하나님과 협력하는 것은 다름 아닌 하나님의 말씀에 순종하는 것이다. 이를 베드로가 잘 보여주었다. 사도행전 5장에 보면 베드로가 유대인들에게 복음 전하는 것을 대제사장이 금지시켰다. 그러자 베드로는 대제사장이 아니라 하나님께 순종하겠다고 한다. "베드로와 사도들이 대답하여 이르되 사람보다 하나님께 순종하는 것이 마땅하니라(행 5:29)."

구약에서도 하나님께서는 예레미야를 통해 하나님의 목소리에 순종할 것을 명령하셨다. "내가 너희 조상들을 애굽 땅에서 인도하여 낸 날부터 오늘까지 간절히 경계하며 끊임없이 경계하기를 너희는 내 목소리를 순종하라 하였으니(렘 11:7)." 바울도 빌립보 교회에게 신앙을 위해 "한 마음과 한뜻으로 협력하라(빌 1:27)"고 한다. 이와 같이 성경은 우리에게 하나님께 순종하라고 말씀하신다. 이는 우리가 하나님의 사역에 협력하는 것이 당연하기 때문이다.

한 편의 드라마, 영화, 예능 프로그램이 만들어지기 위해서는 감독, 작가, 연기자, 스텝 등의 협력이 기본이다. 하나님은 교회 간의 협력을 기뻐하신다. 이 협력이 언택트 시대에는 더욱더 중요하다. 대형교회는 홀로 영상을 제작할 수 있다. 하지만 대다수의 작은 교회는 서로 협력해야 그나마 좋은 영상 제작이 가능하다. 교회는 하나님 안에서 한 몸이다. 한

몸이므로 협력해야 한다. 언택트 시대에 교회 간의 멋있는 협력을 통해 교회가 하나님의 교회임을 보여주어야 한다.

협력은 존중을 기반으로 한다

협력을 하려면 먼저 두 가지 마음이 있어야 한다. 한 가지는 서로 간에 존중하는 마음이다. 또 다른 한 가지는 손해를 감수하는 마음이다.

먼저, 협력은 서로에 대한 존중이 있을 때 가능하다. 남을 나보다 낮게 여기는 마음가짐을 가질 때 이루어진다. 남을 나보다 낮게 여기는 마음으로 대하면 좋은 결과는 당연하다. 이를 알았던 바울은 다른 사람을 자기보다 낮게 여기라고 한다. "아무 일에든지 다툼이나 허영으로 하지 말고 오직 겸손한 마음으로 각각 자기보다 남을 낮게 여기고(빌 2:3)." 자기보다 다른 사람을 낮게 여기는 것은 말처럼 쉽지 않다. 다른 사람에게 대한 존경심이 있어야 한다. 서로 존경하면 협력은 아주 쉬워진다. 교회 간에 협력이 잘되지 않는 이유는 대부분 존중하는 마음이 없기 때문이다.

다음으로, 협력은 손해를 감수할 때 가능하다. 우리가 어디까지 손해를 감수해야 하는지는 예수님께서 십자가를 통해 보여주셨다. 예수님을 따른다면 자신의 손해는 선택이 아니라 필수이다. 만약 손해를 감수하지 않으면 협력은 많은 말 중에 하나가 될 뿐이다. 하나님께서 이 땅에 많은 교회를 세우신 이유가 있다. 서로 존중하고 손해를 감수함으로 사랑이 싹트게 하여, 협력하여 '선'을 이루기 위함이다.

담임 목사는 부교역자와의 사역이 협력적이어야 한다

담임 목사와 부교역자 사이의 관계는 수직 구조이다. 뉴 노멀 시대에는 담임 목사와 부교역의 관계가 수평적이어야 한다. 수평적이어야 협력적인 관계가 되기 때문이다. 나는 부목사로 사역할 때 담임 목사와 수평적 개념으로 사역을 한 적이 없다. 늘 수평적인 사역을 꿈꿨지만 100% 가까이 수직적이었다. 아트설교연구원 회원 중에 부교역와 수평적 관계로 목회하는 담임 목사가 있다. 서울 동대문구에 소재한 사랑의침례교회 박명수 목사다. 그는 부교역자와 수평적인 관계로 목회를 한다.

선교지에서는 선교사 간의 협력이 잘되는가? 잘되지 않는다. 침례신학대학교 선교학 교수인 이현모는 『현대 선교의 이해-신학생과 선교 헌신자를 위한』에서 선교지에서 협력을 통한 사역을 강조한다. 이는 선교사 간 협력이 잘되지 않기 때문에 하는 말이라 생각 된다. 그는 협력 방식의 대안을 이야기한다. 두 번째 대안으로 "한인 선교사 간 연합"과 다섯 번째 대안으로 "교회 구조와 파라처치 구조 간의 협력"을 이야기한다. 이는 선교사들의 모임이 협력보다는 친목 모임에 가깝기 때문이라고 생각된다.

교회는 담임목사와 부교역자간의 구조가 수평적이어야 한다. 수평적일 때 협력 사역이 이루어질 수 있다. 둘은 명령 관계가 아니라 긴밀한 협력 관계여야 한다. 둘의 관계가 협력 관계일 때, 사역에 하나님의 빛이 드러날 수 있다. 담임목사와 부교역자가 협력을 해야 하는 이유가 있다. '따로'는 답이 없고 '함께'에 답이 있기 때문이다.

공공성을 회복하라

최근 사회의 화두 중 하나가 공정성이다

최근 우리나라의 화두 중 하나는 공정성이다. 문재인 대통령이 2020년 9월 19일 제1회 청년의 날을 맞아 "공정은 촛불혁명의 정신이며, 다 이루지 못할 수는 있을지언정 우리 정부의 흔들리지 않는 목표"라고 했다. 문재인 대통령이 '공정이 정부의 흔들리지 않는 목표'라고 말했다는 것은 사람들의 공정에 대한 욕구가 크다는 것을 말해준다. 대통령이 공정을 강조한 것은 다른 말로 하면 한국 사회가 공정하지 않다는 말이기도 하다. 그리고 공정성으로 갈 때가 왔다는 말이기도 하다.

다이아몬드 수저, 금수저, 흙수저 등의 말들이 지속적으로 회자된다. 이런 말들이 회자되는 것은 한국 사회가 공정하지 않다는 뜻이다. 최순실의 딸, 전 법무장관 조국의 딸, 추미애 현 법무부장관의 아들 등의 사건은 한국 사회에서 공정성이 얼마나 중요한 문제인지를 단적으로 보여준다. 공정성이 화두인 사회이다. 그렇다면 우리는 '교회는 공정한가?' 라는 질문을 던져야 한다.

공정성이 담보되는 사회가 선진국이다

사람들이 묻는다. 우리나라는 선진국인가? 경제만 보면 선진국이라 고 할 수 있다. 정치, 문화, 공정성 등을 들여다보면 선진국이라 할 수 없 다. 선진국이 되고자 한다면 공정이 담보되어야 한다. 예전에 사람들이 미국으로 이민을 많이 갔다. 그 이유 중 하나가 미국이 공정한 나라라고 인식했기 때문이다. 이는 미국에서는 누구나 성실하면 그에 상응한 보 상을 받았기 때문이다.

선진국은 지도자, 정치인, 공직자, 기업인들이 공정성에 앞장선다. 하 지만 우리나라는 정반대다. 도리어 권력과 돈으로 세상을 불공정하게 만든다. 중앙일보 「오병상의 코멘터리」에서는 추미애, 강경화. 그리고 나훈아의 세 가지 뉴스를 관통하는 키워드를 '정의' 라고 하면서 세 뉴 스는 모두 우리 사회 공정성을 생각하게 만든다고 말한다. 추미애 아들, 강경화 남편 문제는 특권 불공정에 대한 분노라고 말한다. 하지만 나훈 아는 반대로 스스로를 낮춤으로써 전 국민적 갈채를 받았다고 말한다.

미국의 심리학자 존 스테이시 아담스(John Stacy Adams)는 1963년에 '공정 성 이론(Equity Theory)'을 발표했다. 이 이론을 한마디로 말하자면, '동등한 노력을 했는데 상대적인 기준에서 다른 사람과 차이가 있다고 생각될 때 불공정하다고 느끼게 된다는 것이다. 공정하지 않다고 느끼는 이유는 개인의 투입과 결과의 비율이 다른 사람의 것과 비교해서 불공평하다고 인식하기 때문이다.

우리 사회는 지금 공정성에 대한 관심이 지대하다. 친척이나 친구, 동창이라는 등의 이유로 누군가 특별하게 대우하는 것을 달가워하지 않는다. 사회는 모두가 합리성에 따라 모든 사람을 공평하게 대우하길 요구한다. 이는 공정성이 담보된 사회를 통해 선진 시민으로 살고자 하는 국민들의 욕구가 어느 때보다 크기 때문이다.

공정성에 대한 열망이 크다

서울대학교 소비자학과 김난도 교수는 『트렌드코리아 2021』에서 한국 사회에서 공정성에 대한 열망이 커지고 있다고 말한다. 특히, 밀레니얼 세대는 대한민국 역사상 가장 공정을 추구하는 세대가 일어서고 있다고 말한다. 그는 우리나라에서 공정성의 열망이 커지는 원인은 이 세 가지라고 한다.

첫째, 한국 사회의 평등지향성이 높아지며 차별성에 대한 인식이 더욱 커졌기 때문이다.

둘째, 경제적 풍요 속에 성장했지만 저성장 시대의 좌절감도 경험하고 있는, 치열한 경쟁이 생활화된 밀레니얼 세대의 특성 때문이다.

셋째, 실시간 쌍방향 커뮤니케이션을 지원하는 정보 통신 기술의 영향력으로 자기 목소리를 충분히 낼 수 있는 페어 플레이어 세대의 효능감이 높아졌기 때문이다.

공정성의 열망이 커지고 있다면, 예외 없이 공정성을 위해 힘써야 한다. 공정성을 해치는 것은 팔이 안으로 굽는다는 본능을 추구하는 가치관이다. 사회를 선진사회로 만들고 싶다면 공정성을 해치는 일을 삼가야 한다.

세상은 공정하지 못하다

노벨경제학상을 수상한 바 있는 컬럼비아대학의 조지프 스티글리츠 (Joseph Stiglitz) 교수는 『불평등의 대가』에서 공정하지 못한 사회를 이렇게 진단한다.

> "오늘날 금융자본주의 사회는 1퍼센트에 속하는 사람들이 막대한 부를 움켜쥔 채 승승장구하는 대신에, 나머지 99퍼센트 사람들은 점점 더 가난해지고 불안과 걱정만 하고 있다."

그는 세계가 공정성과 정의의 훼손, 민주주의의 악화, 불안정성의 심화라는 값비싼 대가를 치르고 있다고 말한다.

한국도 공정성이 담보되지 못한 나라다. 2012년 1월 기획재정부가 조사, 발표한 '한국 사회의 질적 수준 제고를 위한 미래연구'의 보고서에 따르면, 한국 사회의 공정성은 10점 만점에 3.61점에 불과하다. 세부적으로는 정부와 재계 관계의 투명성 2.5점, 학벌의 공정성 2.57점, 지도층 인사 결정의 공정성 2.6점, 계층 간 이동 가능성 3.5점으로 낙제 점수가 나왔다. 보고서는 8년 후에도 한국 사회의 공정성이 크게 개선되지 않을 것으로 전망했다. 공정하지 못하고 불평이 심화된 사회에서는 사람들이 희망을 꿈꿀 수 없다. 더욱더 절망의 늪에서 빠져나올 희망을 갖지 못한다.

젊은이들이 공정하지 못한 사회에 대해 저항한다
"월가를 점령하라"

2011년 탐욕스러운 월가를 향한 미국 젊은이들이 분노할 때 내건 구호였다. 이 사건은 공정에 대한 젊은이들의 분노의 표출이었다. 미국 자본주의의 상징인 월스트리트에서 젊은이들이 중심이 되어 시작된 공정에 대한 외침이었다. 젊은이들은 월가의 탐욕스러운 자본주의가 서민들, 특히 청년층을 생존의 위기로 내몰고 있다고 본 것이다. 전문가들은 이 것이 현재의 미국 경제와 자본주의의 문제점을 상징하는 현상이라고 이야기한다.

우리나라도 불공정이 심화되자 젊은 세대가 분노한다. 한국에서 살아가야 할 이유를 찾지 못하고 있다. 이를 보여주는 통계가 있다. 국세청은 '2020년 국세통계연보' 정기 발간에 앞서 86개 통계를 12일 조기 공개했다. 통계에 따르면 부의 대물림이 커지고 있음을 알 수 있다. 2019년에 이루어진 상속과 증여의 액수가 50조원이다. 이는 2년 전 보다 10조 원이 증가한 액수이다. 상속과 증여를 통해 이전된 재산의 60% 가량은 부동산이었다. 30조 원 가량의 건물과 토지가 이전된 것이다. 이와 같이 부의 대물림이 심해지는 나라에 살고 있으니 나라의 공정성을 기대할 수가 없다고 생각하게 된다.

사회가 공정하지 못하자 살아남기 위해 젊은이들이 부린이가 되었다. 최근 아파트값이 천정부지로 치솟았다. 2020년 서울 아파트 실거래가 가 평균 8.5억 원이다. 이는 문재인 정부 들어 60% 급등한 것이다. 성동 구의 아파트값은 4년간 85%, 영등포구는 72.9%, 광진구는 70.9% 올랐 다. 아파트값 평균 10억 원이 넘는 시·군·구가 7군데나 된다. 올해 아파 트 평균 가격이 가장 비싼 시·군·구는 서울 강남구로 17억 6288만원에 달했다. 뒤이어 서초구 16억 5850만원, 용산구 14억 5551만원이었고 경 기도 과천시가 13억 5308만원으로 서울 송파구(12억 5146만원), 성동구(10 억 7806만원), 광진구(10억 828만원), 마포구(9억 5542만원), 동작구(9억 2065만원), 성남 분당구(9억 684만원) 등이다.

젊은이들이 공정하지 못한 사회에 대해 저항한다. 그리고 분노한다. 그렇다면 공정한 사회를 만들기 위해 기성세대가 노력해야 한다.

과연 교회는 공정한가?

교회는 공정한가? 이 질문에 '그렇다!'라고 대답할 자신이 있는가? 젊 은이들이 교회를 빠져나가고 있다. 교회가 공정하지 않다고 생각하기 때문이다. 교회보다 공정한 종교 조직이 있다. 바로 천주교다. 천주교는 신부들이 받는 사례금이 동일하다고 한다. 교회 사이즈가 크거나 작거나, 사역을 많이 하거나 적게 하거나 동일하다고 한다.

교회(개신교)는 그렇지 않다. 교회는 규모에 따라 사례금이 천차만별이다. 그렇다고 천주교처럼 사례금이 동일해야 한다고 말하는 것이 아니다. 말도 되지 않는 큰 격차는 줄여야 한다는 말이다. 교회 간의 격차만 큰 것이 아니다. 교회 내의 격차도 아주 크다. 세상에 공정성을 외치려면 교회 내의 격차를 줄이는 것이 타당하다. 나의 기억에 의하면 신학교를 갓 졸업한 1990년대는 담임목사와 부목사의 사례금 차이가 2배 이상 나지 않았다. 20년쯤 지나자 3배 이상 차이가 났다. 지금도 격차가 줄어들었으리라고 생각하지 않는다. 아마 더 벌어졌을 가능성이 크다.

선교사 간의 후원금 차이도 많이 난다. 교회 규모에 따른 차이는 인정한다. 하지만 목사 선교사와 평신도 선교사 간에 차이가 많이 나는 것은 공정성에 문제가 있다는 것을 말해준다. 내가 아는 평신도 선교사는 교회에서 월 30만 원을 후원받는다. 하지만 같은 교회의 목사 선교사는 월 200만 원 이상의 후원을 받는다. 목회자 중심인 우리나라 교회 정서상 어느 정도 인정은 한다. 그러나 공정성이 훼손될 만큼의 차이는 곤란하다.

그러면 목사 선교사는 평신도 선교사보다 사역을 훨씬 잘하는가? 신학교 동기의 말에 의하면 자신의 교회에서 파송한 선교사들 중 사역을 제일 잘하는 선교사는 평신도 선교사라고 한다. 나도 주위에 있는 평신도 선교사들이 사역을 잘하는 것을 꽤 많이 보았다. 교회의 목회자와 선교사의 사례금 하나만 보더라도 교회는 공정하지 않다는 것을 알 수 있다.

기독연구원 느헤미야의 배덕만 교수는 2020년 9월 11일 자 한국일보와의 인터뷰에서 세상을 공정케 하는 것이 교회의 역할이라고 이야기한다. 문제는 '교회 안에서도 공정하지 않은데 어떻게 세상을 공정케 하는 역할을 교회가 할 수 있겠는가?' 하는 것이다. 배덕만 교수는 공정에 대해 이렇게 말한다.

> "기독교의 고유성은 삼위일체나 예수의 양성론(兩性論)이 아니다. 구약과 신약에 면면히 내려오는 그 가치는 가난한 자들에 대한 배려다. 누가? 가진 자들이 해야 한다. 성경은 가난한 자들에게 혁명을 일으키라 하지 않는다. 고아, 과부, 나그네를 돌보라고 끊임없이 말한다. 세상은 평등하지 않고 공정하지 않으니 예수에게 하듯 소외된 자들에게 하라고 가르친다. 약자의 편에서 그들을 지지하고 공존하는 것이 교회의 역할이다."

세상을 공정케 하는 것이 교회의 역할인데, 교회가 더 공정하지 않다면 교회는 공정하기 위해 몸부림쳐야 한다. 은혜와선물교회의 담임이자 장로회신학대학교 조직신학 객원교수인 송용원은 『칼뱅과 공동선』에서 공정을 남산과 에베레스트 산을 오르는 것으로 쉽게 설명한다.

> "남산과 에베레스트 산의 차이를 보면 '공동선'의 의미를 잘 파

악할 수 있다. 남산은 혼자서도 오를 수 있지만, 에베레스트 산은 함께 올라야 한다. 공동선을 이루는 일은 에베레스트 산을 오르는 것과 같으며, 여기에는 사익과 공익을 아우르는 문제가 따른다."

그는 공정하려면 사익과 공익을 아울러야 한다고 말한다. 이는 공정하려면 '함께'라는 단어가 따라다녀야 함을 말해준다. 작금의 교회는 에베레스트 산을 각자 올라가고 있다. 각자 오르니 공정을 담보할 수 없다. 그는 공동선은 사적 선과 공적 선의 조화를 모색한다고 이야기한다.

"공동선을 사익은 부정하고 공익만 추구하는 것으로 오해한다. 하지만 공동선은 공익과 다르다. 공익과 달리 공동선은 공과 사를 아우르는 개념, 즉 사적 선과 공적 선의 조화를 모색한다. 공동선에는 개개인에 대한 강조가 있고, 공익은 전체를 더 강조한다."

공동선이 사적 선과 공적 선의 조화를 모색한다면 교회는 사적 선과 공적 선의 조화를 이뤄야 한다. 친구이자 IMER(Institute for Mission Education Research) 선교교육원 원장인 이영 목사는 『땅 끝 선교-그 시작에서 완수까지』에서 선교 재정에 대해 이런 이야기를 한다.

"교회 내에서는 선교 재정에 대해서 항상 공정성과 투명성이 있어야 한다."

선교사들의 후원금에 대한 공정성이 담보되어야 한다. 사역에 따라 차이가 있음을 인정할지라도, 목사 선교사와 평신도 선교사의 차이, 인맥에 따른 후원금의 큰 차이는 개선이 필요하다. 교회는 하나님의 교회다. 하나님의 교회라면 공공성에 있어서도 사적인 선과 공적인 선이 동시에 강조되어야 한다. 이 둘이 동시에 강조되지 않으면 교회 안에서의 공정성 훼손은 세상보다 훨씬 더 심할 수 있기 때문이다.

교회는 소수자에게 손길을 내밀어야 한다

더불어숲동산교회 담임인 이도영 목사의 『코로나19 이후 시대와 한국교회의 과제-한국 교회, 공교회성과 공동체성 그리고 공공성을 회복하지 않으면 망한다』에서 한국 교회를 공공성 차원에서 접근할 것을 이야기한다.

한국 교회가 공공성 차원에서 이야기할 때 가장 많이 언급되는 것이 소수자의 문제다. 교회에서 공공성이 가장 많이 훼손된 부분이 소수자에 대한 문제이기 때문이다. 과거에는 공공성이 장애인 문제 정도였던 것 같다. 지금은 동성애자의 문제로 나아갔다. 교회는 소수자의 문제에 대해, 공정성에 대해 깊이 고민해야 한다.

우리는 연일 배타적 기독교가 사회의 소수자들과 부딪치고, 진리의 이름으로 그들을 정죄하는 뉴스를 접하고 있다. 진리에 대한 확신 역시 시대마다 상대적일 수 있다는 생각을 하지 못하는 것은 공공성에 대한 몰이해에서 비롯된다. 소수자의 문제는 대부분 신학적인 문제에 부딪힌다.

그럴지라도 조금 더 관용이 필요한 부분은 관용으로 나아가야 한다. 그리고 그들에게도 합당한 권리를 누릴 수 있도록 배려해야 한다.

익산 기쁨의교회에는 미혼모 지원시설 '기쁨의 하우스'가 있다. 이 시설을 보면서 교회가 이런 곳에 관심을 가져야 한다는 생각을 한 적이 있다. 이 시설은 교회 안에 위치하고 있다. 많은 사람들로부터 외면받기 쉬운 미혼모에게 생활 안정과 자립의 길을 열어주는 것은 교회가 깊게 관심 가져야 하는 소수자의 문제이기 때문이다.

교회는 공공 연대 중인가?

『사피엔스』의 저자인 유발 하라리(Yuval Noah Harari)도 '코로나 With'때는 '공공 연대'로 들어서야 한다고 말한다.

> "인류는 선택을 해야 한다. 분열의 길을 갈 것인가, 아니면 글로벌 연대의 길로 갈 것인가, 우리가 공공의 연대를 택한다면, 이는 코로나 바이러스를 상대로 한 승리가 될 뿐만 아니라 21세기 모든 전염병에 대한 승리가 될 것이다."

사회가 공공 연대가 되어야 코로나 바이러스와 21세기 모든 전염병에 승리할 수 있다. 사회가 공공연대를 강조하는 데, 교회는 공공 연대의 길을 걸어가고 있는가? 교회는 공공 연대의 길을 만들어가고 있는가? 여기서 한 발 더 나아가 교회는 세상에 공공 연대의 모범을 보여주고 있는가? 이 질문에도 명확하게 답변하기 곤란하다. 아니 부정적으로 답변할 확률이 높다.

코로나19의 시대에 대형교회는 작은 교회와 상생하는 길을 함께 열어가는 공공 연대의 책임을 느끼고 있는가? '글쎄다!'라고 밖에 대답할 수 없다. 담임 목사들은 부교역자들의 담임 사역지에 대한 공공 연대 의식이 있는가? 그저 '미안하다!'는 말밖에 할 수 없는 것 같다.

작은 교회는 교인들이 예배를 출석하지 못함으로 인해 재정 압박을 크게 받고 있다. 그 결과 더 작은 공간으로 옮기고 있다. 지금 작은 교회들은 교인들의 10분의 2 내지 10분의 3밖에 예배에 나오지 않고 있다. 장년 출석 교인이 500여 명 되는 교회에서 중학생과 고등학생이 5명 미만으로 출석한다고 한다. 장년이 2천여 명 되는 교회의 중고등부에서 어떤 주에는 4명밖에 출석하지 않았다고 한다. 규모가 있는 교회도 이 정도니 작은 교회는 말할 것도 없다.

앞으로 목회 환경이 지금보다 더 열악해질 것이다. 덜 열악한 환경으로 만들려면 공공 연대를 해야 한다. 홍윤철 서울대학교 예방의학과 교수는 『펜데믹』에서 '공공성'을 강조한다. 그는 세계 경제 문제, 의료 문제를 공공성에서 해결해야 한다고 말한다. 그렇다면 한국 교회는 작은 교회의 재정 문제, 부교역자들의 사역지에 대한 문제를 공공적인 측면에서 해결하고자 해야 한다. 코로나가 발생한 뒤, 사회는 코로나와 '함께' 가야 한다고 '코로나 with'라는 단어를 사용한다. 마찬가지로 교회도 '함께'라는 의식으로 연대해야 한다.

교회의 공정성을 어떻게 확보해야 하는가?

교회 간의 공정성, 목회자 간의 공정성, 교인 간의 공정성, 어떻게 확보될 수 있는가? 이는 공공성 차원에서밖에 해결할 수 없다. 컬럼비아 신학교 구약학 교수였던 월터 브루그만(Walter Brueggemann)은 공정이 하나님과 이웃을 하나로 묶는다고 말한다.

> "공동선은 하나님, 나, 이웃이 하나로 이어진 전망을 드러낸다."

공공성은 하나님이라는 관점에서만 해결이 가능하다. 그러려면 도와줌을 불쌍함이 아니라 하나님 나라 관점으로 접근해야 한다. 그리고 기회의 균등함으로 해결하려고 해야 한다. 목회자 세습 문제는 교회 공정성에 심각한 손상을 가져다준다. 누군가는 공정한 기회를 박탈당하기 때문이다. 그러므로 공정성을 심각하게 훼손하는 세습은 하지 않는 문화가 조성되어야 한다.

송용원 교수는 『하나님의 공동선-모든 사람을 향해 열린 손』에서 하나님 나라는 공공의 선을 위한 나라라고 한다.

> "하나님 나라는 공동의 선을 위한 나라입니다. 그렇기에 하나님 나라는 잃은 양 한 마리가 반드시 돌아와야 사는 나라이지, '우리에 아흔아홉 마리나 있으니 괜찮아' 하는 나라가 아닙니다. 모두가 살기 위해 하나를 희생양으로 삼는 세상 나라와 달리 하나님 나라

는 하나를 살림으로써 모두가 살게 되는 공동선의 나라입니다. 공동선 원리에 따르면, 양 한 마리라도 잃으면 살아도 사는 게 아닙니다."

그는 하나님 나라는 잃은 양 한 마리가 반드시 돌아와야 사는 나라이지, 우리에게 아흔아홉 마리나 있으니 괜찮아 하는 나라가 아니라는 것으로 설명한다. 잃은 양 한 마리가 반드시 돌아와야 하는 교회의 공공성은 반드시 하나님 나라 관점에서만 바라봐야 한다. 그럴 때 교회의 공공성이 성공적으로 달성될 수 있다.

언택트와 교회

언택트의 시대, 온택트의 문화를 활용해야 한다

코로나19는 뉴 노멀을 필요로 한다. 그 뉴 노멀이 언택트다. 언택트 시대의 소통 방식은 컨택트가 아니라 온택트다. 그러므로 언택트 시대에는 온택트를 활용해야 한다. 온택트 문화를 활용해야 하는 언택트의 시대는 코로나19가 아니라면 이렇게 빨리 오지 않았을 것이다.

코로나19가 몰고 온 파장은 가히 충격적이라 할 수 있다. 이전과 완전히 다른 세상이 되었기 때문이다. 뉴 노멀이 만들어진 언택트 시대는 예전과 같은 삶의 자세와 방식으로 살고자 하면 안 된다. 전과 다른 삶의 방식을 필요로 한다. 다른 삶의 방식은 다른 것이 아니라 컨택트와 온택트의 균형을 잘 맞추는 것이다.

차별화된 콘텐츠를 만들어야 한다

"코로나19 발생 이전의 세상은 다시 오지 않으며, 이제는 완전히 다른 세상이다."

2020년 4월 중앙방역대책본부에서 한 말이다. 코로나19가 세상을 코로나 이전과 코로나 이후로 나누어버렸다. 세상을 전과 완전히 달라지게 했다. 그렇다면 달라진 관점으로 바라보고 살아야 한다. 이는 이전의 삶의 방식을 폐기하라는 말이 아니다. 이전의 삶에 코로나19 이후의 삶을 보태야 한다는 것이다.

달라진 세상에서 우리가 힘쓸 것은 콘텐츠 만들기다. 남의 콘텐츠가 아니라 자기 콘텐츠 만들기다. 그리고 차별화된 콘텐츠 만들기다. 차별화된 콘텐츠를 만들려면 조건이 있다. 차별화된 삶을 살아야 한다. 삶이 달라지지 않으면 남다른 자기 콘텐츠를 만들 수 없기 때문이다. 그리고 그 콘텐츠가 사람들에게 먹혀야 한다. 마지막으로 추상적이지 않고 삶과 구체적으로 연결되어야 한다.

자기만의 콘텐츠는 어떻게 만들어야 하는가?

강원국은 『대통령의 글쓰기』에서 자기 콘텐츠를 만드는 데 있어서는 필요한 것이 '선택'과 '집중'이라고 말한다. 그는 선택하고 집중할 세 가지를 언급한다.

첫째, 내가 좋아하고 관심 있는 분야다.
둘째, 내가 잘할 수 있는 분야다.
셋째, 이슈가 되거나 남들이 흥미로워하는 분야여야 한다.

그는 자기가 관심 있고, 잘 할 수 있고, 이슈가 되고 남들이 관심 갖는 분야의 자기 콘텐츠를 만들라고 말한다. 언택트 시대에는 위의 세 가지에 한 가지를 더 보태야 한다.

그 콘텐츠가 누구도 넘볼 수 없는 자기만의 아주 좋은 콘텐츠여야 한다. 그는 누구도 넘볼 수 없는 좋은 콘텐츠 조건에는 다섯 가지가 있어야 한다고 이야기한다.

첫째, 목적의식이 분명해야 한다.

둘째, 스토리가 있어야 한다.

셋째. 사물보다는 사람과 연관 짓는 게 좋다.

넷째, 내 것이어야 한다.

다섯째, 널리 확산 될 수 있는 콘텐츠여야 한다.

이런 콘텐츠는 쉽게 만들 수 없다. 이런 콘텐츠를 만들 수 있는 탁월한 역량을 갖출 때 가능하다. 누구도 넘볼 수 없는 자기만의 아주 좋은 콘텐츠를 만들려면 일정 기간 동안 자기 삶에 집중해야 한다.

1% 안에 드는 자기만의 콘텐츠를 만들어야 한다

유튜브에 보면 많은 것들이 올라온다. 그 중에서 대중들에게 관심을 받는 콘텐츠는 극히 적다. 코로나19가 되면서 몇몇 설교자가 집중 관심을 받고 있다. 아무리 넓혀 봐도 1%가 넘지 않는다. 홍익대학교 광고홍

보대학원장인 성열홍은 SNS에도 콘텐츠를 만드는 사람은 1%에 불과하다고 한다.

> "인터넷 이용자의 90%는 관망하며, 9%는 재전송이나 댓글로 확산에 기여하고, 1%만이 콘텐츠를 창출한다."

언택트 시대에 자기만의 좋은 콘텐츠를 만들어야 한다. 그 콘텐츠가 좋은 콘텐츠임은 물론 1%에 안에 들어갈 수 있는 콘텐츠여야 한다. 사람들은 저마다 자기만의 콘텐츠를 만들고 있다. 그 콘텐츠가 좋다고 자랑한다. 하지만 대중들은 그중 몇 개에 관심을 보일 뿐이다. 자기 콘텐츠는 기본이다. 그리고 좋은 콘텐츠여야 한다. 마지막으로 1% 안에 들어가는 콘텐츠여야 한다. 이런 콘텐츠를 만들 때, 하나님의 영광을 드러내는 데 귀하게 사용될 수 있다.

시대에 어울리는 콘텐츠여야 한다

그다음 생각할 것이 시대에 어울리는 콘텐츠여야 한다. 우리나라는 K-방역의 성공적인 사례로 평가받고 있다. K-방역을 성공적으로 이끈 콘텐츠 중 하나가 '드라이브 스루'다. 드라이브 스루는 우리나라의 상황에 잘 맞는다. 그리고 시대 상황에도 잘 맞는다. 그 결과 우리나라만의 차별화된 콘텐츠로 정착될 수 있었다. 자기만의 콘텐츠이고 상황과 시대에 잘 맞자 결국 세계적으로도 각광받았다. 콘텐츠란 나만 좋으면 안 된다.

다른 사람도 좋아야 한다. 그리고 시대에 어울리고 상황에 맞는 콘텐츠여야 한다.

철저하게 준비해야 한다

목회자가 자기만의 좋은 콘텐츠를 만들려면 오랜 시간 준비해야 한다. 2020년 9월 30일 15년 만에 방송에 출연한 가수 나훈아(본명 최홍기·73)는 그 공연을 위해 6개월간 준비를 했다고 한다. 이런 철저한 준비로 인해 공중파에서 순간 시청률이 50%, 평균 시청률이 29%가 나왔다. 종편 등 각종 미디어가 난무하는 상황에서 공중파 방송 시청률이 29%를 넘긴 경우는 매우 드물다. 이는 완벽한 준비가 필요함을 우리에게 일깨워 준다.

BTS(방탄소년단)은 언택트 시대에 맞게 오프라인에서 먹히지 않자 방향을 틀어 온라인으로 철저하게 준비해 전 세계에 우뚝 섰다. 그들이 빌보드 '핫 100'에서 1위를 한 곡이 아니라 두 곡이나 차지했다. 그들이 지금의 위치에 서게 된 것은 시대를 읽고 앞서서 도전했기 때문이다. 교회도 언택트 시대에 과감하게 세상에 도전장을 내밀어야 한다. 무턱대고 도전하는 것이 아니라 철저하게 준비된 후 도전해야 한다. 준비 없이 쓰임받지 못하는 것이 세상의 이치이다.

특출한 성경 전문가로 거듭나라

교회의 탁월한 콘텐츠는 성경이다. 이는 세상에 없는 유일무이한 콘텐츠이기 때문이다. 교회는 이 성경 콘텐츠에 전부를 걸어야 한다. 20세기에는 성경 해석만 잘 해주어도 사람들이 좋아했다. 그러나 융합의 시대에는 사람들의 지적 욕구가 많아졌다. 이제는 성경 해석만으로 안 된다. 인문학 등을 융합해야 한다. 그 결과 남다르고 특출한 성경 전문가로 태어나야 한다. 특출한 성경 전문가가 되려면 신학, 인문학은 물론 뉴 리버럴 아츠로 갖춰진 과학과 예술까지 융합할 수 있어야 한다. 그럼 특출한 성경 전문가로 사람들 앞에 설 수 있게 된다.

최근 친구 목회자가 도울 김용옥에 푹 빠졌다. 푹 빠진 이유 중 하나가 박학다식 때문이라고 한다. 사람들은 박학다식한 사람을 좋아한다. 박학다식한 사람이라는 말은 그가 융합 전문가라는 말이다. 목회자는 다른 학문을 융합해 성경 전문가가 되어야 한다. 이젠 고인이 된 분이지만 융합을 통한 성경 전문가였던 김흥호 목사처럼 되어야 한다.

그는 일반인에게도 개방된 '연경반' 강연을 통해 2009년 12월의 마지막 수업까지 무려 45년간 성경을 강의했다. 그는 불교·도교·서양철학을 융합한 특출한 성경 전문가였다. 그의 성경 공부에는 수십 년씩 참석하는 사람들이 있을 정도였다. 그는 학문 융합을 통한 성경 전문가였기 때문에 그리스도인은 뿐만 아니라 비 그리스도인까지도 그의 성경 강의에 참여를 했다.

전문가의 시대이다. 목회자는 설교 전문가여야 한다. 그리고 성경 전문가여야 한다. 다른 사람과 차별될 수 있는 자기만의 성경 공부 콘텐츠를 가진 전문가여야 한다. 전문가가 되면 하나님께서 귀하게 쓰신다. 특히, 특출한 성경 전문가로 준비가 되면 오프라인으로 강의하든, 온라인으로 강의하든 수많은 사람들에게 하나님의 말씀을 전할 수 있게 된다.

공정성을 추구하라

교인들은 영적인 것을 추구한다. 그렇다면 목회자는 영적이며 지적이어야 한다. 동시에 교회는 영적이며 공정해야 한다. 임승규 외의 『포스트코로나-무엇을 준비할 것인가』에서 이런 말을 한다.

> "역설적으로 바이러스는 미래 사회에서 '공생'의 방법을 찾으라는 자연의 메시지가 아닐까?"

언택트 시대는 공생하지 않으면 살 수 없는 시대다. 공생하려면 공정해야 한다. 사회가 지속적으로 공정을 요구하는 이유이기도 하다. 사회는 교회에게 다른 조직보다 더욱더 공정성을 요구한다. 그렇다면 사도행전 2장과 같지는 못할지라도 교회가 공정하지 못한 곳이라는 인식은 주지 말아야 한다.

교회는 뉴 노멀 시대에 맞게 공정하게 변해야 한다. 공정하려면 본질에 충실해야 한다. 교회는 언제나 공정성의 시류인 그 흐름을 놓치면 안 된다. 교회는 하나님께 기도하면서 세상의 흐름을 파악하며 공정성의 시류에 발을 맞춰야 한다. 그럴 때 사람들이 공정한 교회를 세상에서 답이라고 인정할 날이 온다.

나는 이 책을 통해 언택트 시대에 교회가 나아갈 방향과 목회자가 준비할 것 그리고 교인의 신앙생활을 다뤘다. 그 이유는 시급히 교회가 개혁된 모습을 지녀야 하기 때문이다. 이 책이 코로나19 이후의 교회가 앞으로 나아가는 데 조금이나마 도움이 되기를 기대한다. 그리고 한국 교회가 가장 낮은 곳에서 소금의 역할을 감당하며 가장 높은 곳에서 빛이 되기를 바란다.

마지막으로, 한국 교회에 하나님의 은혜가 넘치기를 구한다. 그리고 세상의 소망의 등불이 될 것을 믿어 의심치 않는다.

"Luce in aitis(높은 곳에서 빛나라)"

코로나19를 겪은 뒤, 한국 교회의 밝은 미래를 바라보며

김도인 목사가

글과길